Risotto

Risotto

Erica Bänziger, Hrsg.

FONA

Legenden zu den Bildern und Adressen der Restaurants sowie des Reismuseums auf Seite 169.

Die italienischen Originaltexte stammen aus den Rezeptnotizen der Köche.
Die Übersetzung befindet sich jeweils im darunter platzierten Rezept.

Die Rezepte sind, wo nicht anders vermerkt, für 4 Personen berechnet.

2017 überarbeitete Neuausgabe

© 2011 Fona Verlag AG, 5600 Lenzburg
www.fona.ch

Texte (Seiten 6–127) Eva-Maria Wilhelm

Lektorat Léonie Schmid

Konzept und Gestaltung FonaGrafik

Bilder «Einführung» und «Die italienischen Köche» Markus Dlouhy

Bilder «Die Tessiner Köchin» Andreas Thumm, Freiburg i. Br.

Druck Druckerei Uhl, Radolfzell

ISBN 978-3-03780-622-7

Inhaltsverzeichnis

Vorwort 7

Einführung 8

Die italienischen Köche

Sei ein Original
Angelo Silvestro 58
Risotto mit Gemüse und Gänsefleisch 62
Roter Risotto mit Scampi 66
Risotto in Parmesan-«Schale» 70

Der Tradition verpflichtet
Massimo Bobba 72
Stockfisch-Risotto mit Wirz / Wirsing 76
La Panissa – Bohnenrisotto
  mit Salami und Speck 80

Erfinder und Zauberer
Daniele Siviero 84
Steinpilz-Risotto 88
Rhabarber-Risotto mit Schnittlauch 92
Lauch-Risotto mit Guanciale 96

Ein junger Koch legt los
Davide Bonato 98
Risotto mit weißer Trüffel 102
Porto-Risotto
  mit Kürbis und Bauernbratwurst 106

Botschafter des Risotto
Gabriele Ferron 110
Risotto all'Amarone 114
Risotto mit Basilikum 118
Risotto all'Isolana 122
Roter Vollkornrisotto
  mit Gemüse und Meeresfrüchten 126

Die Tessiner Köchin

Die Naturverbundene
Erica Bänziger 130
Risotto mit Tomaten und Büffelmozarella 132
Erbsen-Risotto mit würzigem Taleggio 134
Roter Risotto 136
Schwarzer Risotto
  mit scharfen Schoten und Tintenfisch 136
Bärlauch-Risotto 138
Rucola-Risotto 138
Fruchtiger Risotto mit Gorgonzola 140
Fenchel-Risotto mit Ricotta 142
Bier-Risotto mit Schweinswurst 144
Grapefruit-Risotto mit Scampi 146
Risotto mit roter Brüsseler Endivie
  und Catalogna 148
Kürbis-Risotto 150
Hopfensprossen-Risotto
  mit Ziegenfrischkäse 152
Risotto alle vongole 154
Zucchini-Risotto 156
Spargel-Risotto
  mit Spinat und Ziegenfrischkäse 156
Steinpilz-Risotto 158
Artischocken-Risotto nach Nicola 158
Lauch-Risotto
  mit Wurst und scharfer Schote 160
Risotto mit grünem Spargel 160
Zitronen-Risotto mit Zitronenverveine 162
Milchreis mit Waldbeeren 164
Risotto-Grundrezept 164
Heidelbeer-Risotto 166
Rucola-Risotto mit Limettenstreifchen 166

Register 168
Reis-«Stationen» 169

Die Welt des Risotto
Magie der Verbundenheit

Die Italiener haben es geschafft, aus einem Lebensmittel, das in allen Küchen der Welt vor allem eine nahrhafte Beilage ist, ein Gericht zu schaffen, das einem Lied mit immer neuen Strophen gleicht: den Risotto. Der Reis als Hauptdarsteller schließt die Tür auf in eine Welt voller Emotionen, Erinnerungen, Geschichten und Genüsse. Dazu muss man einfach die norditalienischen Köche über Risotto reden hören. Und einen Teller davon vor sich haben. Egal eigentlich, wer ihn gekocht hat. Hauptsache, der Koch war mit dem Herzen dabei.

Beim Risotto tut sich für jeden Koch eine ganze Welt auf, ob er nun ein Profi ist oder ein Amateur, das heißt, einer, der sich am Kochen erfreut, ohne es gelernt zu haben. Ob er die Zutaten auf seinen Reisen, auf dem globalisierten Lebensmittelmarkt oder im Reisfeld vor der Haustüre sucht: Das Universum Risotto ist immer gleich groß. Der Koch ist das Zentrum dieses Universums, eine Sonne, die all die Zutaten beleuchtet und jede in ein besonderes Licht stellt. Zugleich ist er Diener der Zutaten. Sie werden schließlich diktieren, was er tun wird. In diesem Spannungsfeld steht er tagtäglich.

Vielleicht kommt der Sache am nächsten, wenn man den Risottokoch als Magier bezeichnet: In knapp zwanzig Minuten entlockt dieser den silbernen Reisperlen ihr Geheimnis, erlöst sie aus der Vereinzelung. Risotto macht Verbundenheit erlebbar. Er steht für «Wir» anstatt für «Ich». Der Weg vom Einzelkorn und der Einzelzutat zu der totalen Verschmelzung ist reinste Magie. Die Menschen in jenen Ländern, in denen Reis angebaut wird, haben allesamt ein ausgeprägtes Wir-Gefühl entwickelt, da sich im Reisfeld der Einzelne immer zu Gunsten der Gemeinschaft unterordnen musste. Reisanbau kann – im Gegensatz zur Kultur der übrigen Feldfrüchte – nicht eine Einzelperson betreiben. Man steht in der Reihe, säend, jätend, erntend. So ist in Norditalien, von wo üblicherweise unser Risottoreis stammt, aus den Erzählungen der Alten noch dieses Wir-Gefühl zu spüren, das heute ganz verschwunden ist, weil ein Mähdrescher die Arbeit von 150 Personen erledigt.

Einzig der Teller mit einem köstlich duftenden Risotto vermittelt noch diese Botschaft der Einheit der vielen. Und der Tisch, an dem Menschen miteinander genießen. Oder dieses Buch: In ihm stellen eine Kochbuchautorin und verschiedene Köche ihre Risotti vor. Ein Gericht, viele Interpretationen. Zwei Fotografen haben die Welt des Reises und der Risotti eingefangen – auf den Reisfeldern und in den italienischen Profiküchen der eine, in einem Tessiner Grotto der andere. Ein Gemeinschaftswerk in jeder Beziehung, ganz im Sinne der Reisperle, die erst so richtig brilliert, wenn sie in Gemeinschaft mit andern auftritt.

Wir freuen uns, Sie in die Welt des Risotto einladen zu dürfen!

Einführung

Mythos

Eine indische Geschichte beschreibt, wie der Reis zu den Menschen kam: Ein von Shiva (einer der wichtigsten Götter des Hinduismus) umworbenes indisches Mädchen stellte diesem die Aufgabe, eine Speise zu finden, die jedermann jederzeit essen könne, ohne je eine Abneigung dagegen zu empfinden. Shiva machte sich auf die Suche, konnte jedoch nicht fündig werden. Während er noch immer suchte, starb das Mädchen und der trauernde Gott besuchte ihr Grab. Da sah er auf diesem ein Gras wachsen, das silberne Körner trug, welche unter einer goldenen Hülle verborgen waren. Diese Urmutter aller Reispflanzen nannte man in Sanskrit «vrihi», altiranisch brizi; bei den Griechen erhielt sie den Namen «oryza», bei den Römern «arisa», woraus italienisch «riso» wurde.
Neueren archäologischen Funden zufolge tauchte allerdings die Reispflanze schon vor über 11 000 Jahren in China auf und verbreitete sich von dort aus über die Erde. Reis scheint das erste kultivierte Gras überhaupt gewesen zu sein; die Entwicklung unserer Urgetreidearten fand erst viel später statt.
In Italien tauchte die Reispflanze im fünften Jahrhundert nach Christus auf. Doch bis sie wirklich kultiviert wurde, sollten noch ein paar Jahrhunderte vergehen.

Reispflanze

Die Reispflanze ist ein einjähriges Sumpfgrasgewächs. Es gibt davon weit über 100 000 Sorten und wilde Arten. Die kultivierte Form allein, Oryza sativa, umfasst rund 8000 Sorten. Man unterscheidet zwischen Sumpf- oder Wasserreis und Berg- oder Trockenreis.

Zur ersten Gruppe unter dem Oberbegriff «Japonica» gehören Reispflanzen mit oval-runden Körnern, die einen klebrigen Reis ergeben. Dieser gedeiht vor allem in gemäßigten Zonen sowie in tropischen Hochländern.

Die «Indica»-Sorten haben lange, schmale Körner, die weniger kleben. Sie können aufgrund ihrer Herkunft (feuchte Tropen Südostasiens) entsprechend gut sowohl mit Trockenheit als auch mit Feuchtigkeit umgehen.

Reishalme können bis zu 150 cm hoch werden. Sie sind von schilfartigen grünen Blättern umgeben und entwickeln rund ein Dutzend Rispen mit je 50 bis 200 Reiskörnern. Bei neueren Züchtungen wird versucht, diesen Ertrag zu steigern.

Italien und der Reis

Italien ist das größte europäische Reisanbaugebiet. Auf 250 000 Hektar wachsen 1,5 Millionen Tonnen Reis, wobei aus dem Schwemmgebiet rund um den Po zwei Drittel stammen. Aber auch um Venedig und in anderen Teilen Italiens findet man große Reisfelder und hoch entwickelte Reissorten, welche die heutigen Anforderungen an einen guten Risottoreis erfüllen. Schon um 1000 n. Chr. hatten Benediktiner- und Zisterziensermönche begonnen, die unfruchtbare Sumpfebene zwischen den großen oberitalienischen Flüssen trockenzulegen und urbar zu machen. Zwei Jahrhunderte später konnte ernsthaft an Reisanbau gedacht werden – mit einer hohen Luftfeuchtigkeit und äußerst heißen Sommern schien die Gegend rund um den Po dafür prädestiniert zu sein. Die Mönche erbauten auch sogenannte Cascine, zu richtigen Lebensgemeinschaften erweiterte Bauernhöfe, die über eine Kirche, einen Friedhof und eine kleine Osteria verfügten und Platz für viele Familien boten. Sie riefen so mehrere kleine Ortschaften ins Leben, denn die Reiskultur erforderte viele fleißige Hände, konnte aber auch all die hungrigen Mägen füllen.

Es war ein langer und mühseliger Weg, bis der Reisanbau im 19. Jahrhundert seine Hochblüte erreicht hatte. Ein entscheidender Schritt war die Entwicklung eines ausgeklügelten Bewässerungssystems, initiiert durch den Staatsmann Graf Camillo Benso di Cavour, der den Canale Cavour erbauen ließ. Das Wasser des Po, der hier so nah an der Quelle am Monviso noch ein Fluss mit kristallklarem Wasser ist, wird geschickt durch ein Kanalsystem geleitet, das sich wie ein feines Netz über das fruchtbare Land nordwestlich von Vercelli und Novara verteilt. Das Wasser wird allein durch das leichte Gefälle des Stromes und minuziös eingebaute Niveauunterschiede am Fließen gehalten. Die Bewässerung der Felder erfolgt durch ein ausgeklügeltes Schiebersystem. Schließlich mündet der Kanal bei Galliate in den Ticino.

Im Laufe der Zeit entstanden auf den wachsenden Gütern Schulen, Nähateliers, Friseursalons usw. Während der Produktionszeit lebten bis vierhundert Menschen auf so einem großen Gut. Das Museum auf La Colombara gibt einen vielfältigen und eindrücklichen Einblick in die Lebensweise jener dem Reis verpflichteten Menschen. Da waren die Reisbauern, die Müller, die Mondine, jene Mädchen und Frauen, welche im knöcheltiefen Wasser stehend in langen Reihen die Reisfelder immer wieder durchjäteten und dann bei der Ernte behilflich waren. Viele von ihnen kamen aus anderen Teilen Italiens und lebten eine Saison lang aus dem Koffer. Sogar in einem Film wurden die fleißigen Arbeiterinnen verewigt: «Bitterer Reis» von Giuseppe de Santis.

Heute erledigen Maschinen und moderne Technologie die Arbeit von Tausenden von Menschen.
Unter dem wachsenden Druck des Welthandels mussten sich die Reisbauern erneut etwas einfallen lassen, um konkurrenzfähig zu bleiben. Sie haben sich zu Erzeugergenossenschaften zusammengeschlossen und bauen Reis an, der höchsten Qualitätsansprüchen genügt. Es wird so wenig Chemie wie möglich eingesetzt. Durch eine kluge Fruchtfolge werden die Böden geschont und auf natürliche Weise fruchtbar gemacht. Dass der Reis im klaren Gletscherwasser aus dem Monte-Rosa-Gebiet heranwächst, ist zusätzlich ein Garant für die hohe Qualität des piemontesischen Reises.

Ein Getreide prägt eine Landschaft

Die norditalienische Landschaft rund um den Po und seine Nebenflüsse ist topfeben.
In den Reisanbaugebieten verwandelt sie sich von einem Tag auf den andern zur immensen, spiegelglatten Wasserfläche, welche kunstvoll strukturiert ist durch die unzähligen Dämme, durch welche die einzelnen Felder voneinander abgegrenzt werden. Es sieht dann aus, als wären Gehöfte und Dörfer Inseln in einem flachen Meer. Und als hätte eine Regenflut die Felder heimgesucht. Dabei ist es einfach Frühling, ein neues Kulturjahr hat begonnen, die Schieber in den Kanälen sind geöffnet und die Wasser fluten die Felder, damit die zuvor ausgesäten Reiskörner sprießen.

Es dauert nicht lange und schon strecken feine grüne Hälmchen ihre Spitzen aus dem Wasser. Ein grüner Schleier überzieht die Spiegelfläche, die Reisfelder haben einen Dreitagebart bekommen und lassen ihren Charme spielen. Im Norden leuchten bei klarem Wetter die schneeweißen Gipfel der Alpen, oft genug hüllen sie sich jedoch in Dunst und geben sich geheimnisvoll. Eine stille Erwartung liegt auf dem Land. Der Reis wächst dem Frühlingslicht entgegen, umgeben von den gletscherklaren Wassern des Monte-Rosa-Massivs.

Und dann explodiert das Grün. Dicht steht Halm an Halm, die Füße in untiefem Wasser, den Kopf mit den anmutigen, noch kerzengerade aufgerichteten Ähren dem blauen Himmel entgegengestreckt, an dem Wolkenschiffe träge dahinziehen. Es ist Frühsommer, die Hitze liegt mittags sirrend über den Feldern und lässt den Reis wachsen. Aus dem Zartgrün wird im Laufe des Sommers ein Gelbgrün, oft unterscheiden sich die Felder im Farbton, so dass die ganze Landschaft wie ein kunstvoll zusammengesetzter Quilt aussieht. Nun sind die Karpfen, die im Frühjahr ausgesetzt worden sind, schon fetter. Sie dienen der Schädlingsvertilgung, halten den Boden locker und düngen ihn. Auch die kleinen, springlebendigen Fröschchen sind begehrt, im Sommer aber noch eher mager, weshalb man sie lieber noch fleißig Mücken fressen lässt. Es bleiben in jedem Fall genug davon übrig, um die schwülheißen Nächte in der Poebene manchmal fast unerträglich zu machen.

Kein Wunder, freuen sich alle auf den frühen Herbst: Die Luft wird klarer, die Temperaturen fallen rapide, die Lebensqualität steigt. Eine ganze Region atmet auf. Nun leuchten die Felder goldgrün bis goldgelb. Beim näheren Hinschauen entdeckt man die unzähligen Perlen, die den Sommer über gereift sind. Ihr Gewicht lässt jeden Halm etwas melancholisch, aber unsäglich schön sein Haupt leicht der Erde zuneigen. Die Zeit der Ernte naht.

Die Felder sind nun schon längst trockengelegt, die fetten Karpfen gefischt – es gibt nichts mehr zu verteidigen. Jetzt ist auch die Zeit, in der die Einheimischen, geduldig auf ihren Campingstühlen sitzend, ihre Angel stundenlang in die Kanäle halten, in denen noch etwas Wasser zurückgeblieben ist. Die Rentner bekommen mit den Fröschen einen schönen Zusatzverdienst.

Wenn die Reiskörner den richtigen Stärkegehalt haben, fahren die Mähdrescher los.
Am Morgen leichter Nebel, am Mittag, wenn die Sonne sich durchsetzt, die Staubwolken, die das ratternde Biest bis in den frühen Abend hinter sich herzieht. Auf den Feldern bleibt das Reisstroh zurück. Seit keine Hüte mehr daraus gemacht werden, wird es gleich hier, noch am selben Abend, verbrannt.
Manchmal hat man Glück und sieht ein Silberreiherpaar aus den Feldern steigen. Erhaben ziehen die Vögel ihre weiten Kreise – sie überlassen den Menschen nicht alle Frösche, die jetzt besonders gut zu fangen sind und dank der fleischgewordenen Sommermücken noch besser schmecken.

Nun kehrt die Spätherbst-Winterruhe ein. Während die Reiskörner den Prozess der Veredelung durchlaufen und in den Speichern reifen, können die Reisbauern für kurze Zeit die Hände in den Schoß legen. Die Arbeit geht Piero und Maria Rondolino allerdings nie aus. Sie stehen La Colombara vor, einem Familienbetrieb, der seit 300 Jahren Reis anbaut. Die Gebäude des Reisgutes wurden zum Teil zu einem Museum umfunktioniert, in welchem die vergangenen Zeiten wieder erlebbar werden.

Die Veredelung

Das frisch geerntete Reiskorn ist von einer harten, ungenießbaren Hülle umgeben. In mehreren Arbeitsgängen wird das Korn entspelzt und je nach Endprodukt geschält, geschliffen und poliert. Danach muss das Reiskorn lange gelagert werden – eine nicht ganz einfache Sache, die viel Erfahrung voraussetzt, da sowohl Insektenbefall als auch Feuchtigkeit die Ernte verderben können. Die Frage der Lagerung ist einer der Kernpunkte, wenn es um Qualität geht. Jetzt entwickelt die Stärke jene Eigenschaft, die einen perfekten Risottoreis ausmacht.

Riso Vialone Nano

Risotto und Italien sind eins. Ja, auch mit dem Risotto haben es die Italiener geschafft, eine Speise zu etwas Einmaligem zu machen.
Risotto hat eine einzigartige Konsistenz, die durch die speziell für dieses Gericht weiterentwickelten Eigenschaften der Rundkorn-Sorten erreicht wird. Höchste Aufmerksamkeit genießt die Stärke. Sie bestimmt das Kochverhalten.

Der Risotto und die italienische Küche

Am Anfang jedes Risotto steht «il soffritto», das Andünsten von Gemüse und Reis in heißem Fett, normalerweise in Butter und/oder Olivenöl. Ob nun zuerst das Gemüse oder die Reiskörner angedünstet werden, entscheiden das Rezept und der Koch. In beiden Fällen nehmen die Reiskörner die Aromen der Fette auf. Abgeschlossen wird der Prozess mit dem Ablöschen mit Flüssigkeit, häufig mit wenig Weißwein oder aber auch nur mit heißer Brühe. Während des Kochens ist darauf zu achten, dass nie zuviel Flüssigkeit beigegeben wird. Sobald der Reis die Flüssigkeit aufgenommen hat, folgt die nächste Portion Brühe, was immer mit sorgfältigem Umrühren verbunden ist. In der Zwischenzeit soll nicht zu oft im Topf gerührt werden, alle zwei, drei Minuten genügt.

Ein Risotto sollte sämig-cremig, jedoch nie breiig sein. Das Reiskorn muss weich sein, aber noch Biss haben. Ob ein Risotto feuchter oder trockener ist, liegt im Ermessen und Gusto eines jeden Kochs. Er kann beim Abschmecken die gewünschte Konsistenz bestimmen. Dieser entscheidende Moment am Ende des Reiskochens nennt sich «Mantecatura»: Man nimmt den Risotto vom Feuer, schmeckt ihn ab, gibt Käse und Butter dazu und rührt ihn sorgfältig, um ihn dann für zwei Minuten ruhen zu lassen. In dieser Zeit verbinden sich alle Zutaten miteinander, die Reiskörner saugen sich mit den Aromen voll. Die sprichwörtliche Sämigkeit wird jetzt erreicht, ein Zusammenhalt der Körner, der bewirkt, dass der «Reisbrei» im Teller nicht zerfliesst.

Ein Risotto kann mit allen erdenklichen, aber auch unvorstellbaren Dingen ergänzt werden. Nicht umsonst heißt es in Venedig, dass es kein Lebewesen auf dem Land, im Meer oder in der Luft gibt, das nicht irgendwann schon einmal in einem Risotto geendet hat.
Als traditioneller Risotto wird etwa der Risotto Milanese mit Zwiebeln und Safran bezeichnet. Aber auch für dieses Grundrezept gibt es in Mailand fast so viele Varianten wie Köche. Beim Risottokochen schließt Tradition Innovation nicht aus und umgekehrt. Doch lassen wir die Köche selber reden.

Die italienischen Köche

Sei ein Original

Angelo Silvestro, Ristorante Balin,
Livorno Ferraris

Angelo Silvestro, von allen nur Balin genannt, stammt aus dem Vercellese, der piemontesischen Gegend am Fuß der Alpen zwischen Mailand und Turin. Er ist mit Reis groß geworden. Alle Familien aßen hier nur Reis, Reis, Reis und nochmal Reis. Viermal täglich. Heute ist das anders. Zwar wird in Italien europaweit am meisten Reis angebaut, aber der Pro-Kopf-Verzehr ist der geringste im europäischen Vergleich. Pasta hat Einzug gehalten, Risotto essen die Touristen. Und dann auch jene, die ihn wiederentdeckt und ihn in einer sorgfältigen Verbindung von traditioneller und innovativer Küche wieder salonfähig gemacht haben. Da gibt es zum Beispiel die Gran Maestri del Risotto. Ihr Ziel ist, die korrekte Art der Verwendung und der Behandlung des Reises weltweit zu fördern und jahrhundertealte Rezepte modern zu interpretieren.

Balin arbeitet vor allem mit Lieferanten aus seiner Gegend. Das ergibt einen authentischen Risotto mit Produkten ohne lange Transportwege. Im Herbst gibt es beispielsweise einen Randen-/Rote-Bete-Risotto, zubereitet mit einem aus den Wurzeln hergestellten Püree. Das ist seine Art, lokale Produzenten zu unterstützen und ihnen so ein Überleben zu ermöglichen.

Früher wurde der Risotto mit Butter und Gänsefett zubereitet – ein Erbe jener großen jüdischen Gemeinde, die damals dort lebte und welche die weithin beliebte Gänsehaltung einführte. Heute wird aus ernährungswissenschaftlichen Gründen empfohlen, den Risotto ausschließlich mit Olivenöl zuzubereiten. Balin hat da eine ganz eigene Ansicht: Risotti mit Käse und Milchprodukten bereitet er nach wie vor mit Butter zu. Ein Gemüserisotto schmeckt am harmonischsten mit reinem Olivenöl, und Schweineschmalz ist das Fett der Wahl für Fisch- und Fleischrisotti.

Risotto mit Gemüse und Gänsefleisch
Lokale Produkte stehen an oberster Stelle.
Für Gemüserisotti verwendet Balin ausschließlich Olivenöl.

« Impiattare il risotto, adagiarvi sopra il petto d'oca scaloppato e nappare con il fondo di cottura. »

mit Gemüse und Gänsefleisch

*100 g Gänsefett
oder Olivenöl
280 g Gänserollbraten
oder Gänsebrust
2 Knoblauchzehen
wenig Weißwein
280 g Risottoreis, Carnaroli
100 g Karotten- und Stangensellerie-
würfelchen (Brunoise)
1 Wirz / Wirsing, in feinen Streifen
(Julienne)
einige fein gehackte Rosmarinnadeln
1 Glas Apfelwein
ca. 1 l heiße Geflügelbrühe
mit reichlich
fein gewürfelten Zwiebeln
50 g geriebener Käse
Salz, grob gemahlener Pfeffer*

1 Gänsefleisch und Knoblauchzehen in 50 g Gänsefett anbraten. Knoblauchzehen entfernen. Gänsefleisch mit wenig Weißwein ablöschen, bei schwacher Hitze je nach Zartheit des Fleisches 7 bis 12 Minuten rosa braten. Warm stellen.

2 Reis im restlichen Gänsefett andünsten, Gemüse und Rosmarin mitdünsten, mit Apfelwein ablöschen, mit heißer Geflügelbrühe bedecken und unter gelegentlichem Rühren etwa 18 Minuten köcheln lassen. Immer wieder mit Geflügelbrühe bedecken. Mit Käse, Salz und Pfeffer abschmecken.

3 Risotto in vorgewärmten Tellern anrichten. Eine Scheibe Gänserollbraten darauflegen.

Roter Risotto mit Scampi

Ganz bestimmt ohne künstlichen Farbstoff:
Das Rot der Rande / Roten Bete.

Balins Gerichte sind Eingebungen, die ihm in völlig anderen Zusammenhängen einfallen: Etwa dann, wenn er ein Bild anschaut – da mag eine bestimmte Maschine oder ein Kleidungsstück zu sehen sein, in ihm aber wird in dem Moment eine Tür geöffnet und eine neue Kreation stellt sich vor. Es kann auch beim Anschauen eines Filmes sein; bei irgendeiner Szene weiß er genau, mit welchen Zutaten und mit welcher Technik er etwas Neues ausprobieren will. Seinen Lehrlingen schärft er ein: «Es ist nutzlos, kopieren zu wollen. Du wirst nie so gut sein wie dein Vorbild. Denn es ist das Original. Also sei kreativ und werde selbst ein Original!»

« Sfumare con il vino bianco, fare evaporare, bagnare con il brodo di pesce e portare a cottura a fuoco lento. »

Roter Risotto
mit Scampi

---

1 dl / 100 ml Olivenöl
360 g Risottoreis, Carnaroli
1 Glas Weißwein
ca. 1 l heiße Fischbrühe
3 gekochte Randen / Rote Beten
Salz
frisch gemahlener Pfeffer

Olivenöl
8 Scampi, geschält,
mit Schwanz, Darm entfernt
wenig Rosmarin
1 Knoblauchzehe, fein gewürfelt

1 Randen schälen, mit wenig Fischbrühe pürieren.

2 Reis im Olivenöl andünsten, mit Weißwein und wenig Fischbrühe ablöschen, 8 Minuten köcheln lassen, immer wieder heiße Fischbrühe nachgießen. Wenn der Risotto gar ist, Randenpüree unterrühren, mit Salz und Pfeffer abschmecken.

3 Die Scampi mit Rosmarin und Knoblauch im Olivenöl beidseitig braten.

4 Risotto auf vorgewärmten Tellern anrichten, Scampi darauflegen.

Risotto nel Parmiggiano

Authentisch: Die Parmesanspäne werden frisch aus der Parmesanschale (Rinde) «gehobelt». Später wird der fertige Risotto in der Parmesanschale serviert.

Für Balin war vor allem die orientalische Küche Inspiration. Er reist leidenschaftlich gerne, vor allem an Orte, in denen Reis gekocht wird: Vietnam, Orient, Japan. Er kann sich jedoch nicht vorstellen, anderswo als hier zu leben. Für ihn gibt es nichts Schöneres als diese norditalienische Landschaft, die vom Reisanbau geprägt wird: Der Herbst mit all seinen Farben und dem sanften Licht, das durch den leichten Nebelschleier entsteht, der in dieser Jahreszeit immer über allem liegt... Die Ruhe des Winters: Die Bäume stehen wie Gerippe da, ein dicker Raureif liegt auf ihren Ästen. Gezaubert hat ihn die allgegenwärtige Feuchtigkeit zusammen mit der Kälte. Und dann der Frühling mit seinem hellen Grün und dem Wasser in den Feldern... Am wenigsten Reiz hat für ihn der Sommer. Es ist zu heiß, alles ist zu extrem, es gibt keine Zwischentöne.

So, wie er die Landschaft beschreibt, so kocht er auch: Wenn Balin am Herd steht, ist er ein träumender Rationalist. Seine Küche soll Sinnlichkeit und Gefühl vermitteln. Dies schließt Perfektion aus. Er wünscht sich, dass die Menschen über das Essen untereinander und mit der Natur in Verbindung kommen. Am liebsten serviert er deshalb pro Tisch allen Gästen dasselbe. Das sind für ihn magische Momente, wenn an einem Tisch plötzlich die Gespräche über Sport und Politik verstummen und die Menschen zu schmecken beginnen. Dann wird gerätselt, ausgetauscht über Aromen, Empfindungen, Geschmackserlebnisse. Auf einmal sind alle ganz da, präsent, sie genießen und sind für einen Moment glücklich.

Dies alles geschieht aber erst, nachdem er sich selbst bereits auf die Schultern geklopft hat: Er ist beim Kochen ganz bei sich, kocht im Grunde nur für sich allein. Und er weiß, wann etwas gut ist. Das muss ihm kein anderer sagen.

« Togliere dal fuoco, aggiustare di sale
e pepe e versare nella forma
di Valgrana Piemonte e mantecare. »

in Parmesan-«Schale»

---

120 g Alpbutter
320 g Risottoreis, Carnaroli
1 Glas Weißwein
ca. 1 l heiße Fleischbrühe
Salz und Pfeffer nach Belieben
160 g grob gehobelter Parmesan

1 Grana-Padano-«Schale»

1 Reis in der Hälfte der Butter andünsten, mit Weißwein ablöschen und einkochen lassen. Reis mit heißer Fleischbrühe bedecken, bei schwacher Hitze unter gelegentlichem Rühren etwa 15 Minuten köcheln lassen. Topf von der Wärmequelle nehmen. Reis mit Salz und Pfeffer abschmecken. Käse und restliche Butter unterrühren.

2 Risotto in die Grana-Padano-«Schale» füllen.

Variante Wer keine Käseschale hat, lässt den Risotto 2 M nuten zugedeckt ziehen und serviert ihn in vorgewämten Suppentellern.

Der Tradition verpflichtet

Massimo Bobba, Ristorante Tre Merli, Morano sul Po

Auf der Fahrt einmal der Gedanke, dies könnte das Ende der Welt sein. Es ist so still und einsam, man sieht keine Menschen, nur dem Zerfall anheim gegebene Reisgüter. Und dann auf einmal ein Dorf inmitten der Reisfelder unter der vormittäglichen Hitze. Zeichen menschlichen Lebens, da ein an eine Hausmauer angelehntes Fahrrad, hier ein Blumentopf neben einer Haustüre. Umso überraschender dann die Welt, in die man mit dem Betreten des Innenhofs des «Tre Merli» eintaucht: überall Blumen, viel Grün, gedämpftes Sonnenlicht. Eine Gaststube, in der die Zeit still zu stehen scheint: Schon vor hundert Jahren sah es hier wohl so aus. Das Mobiliar, die Tapeten, die Bilder an den Wänden, sie alle erzählen von einer längst vergangenen Zeit, ohne aber selbst irgendwie verstaubt zu sein: Elena, die Frau des Kochs, sorgt für ein bezaubernd helles und einladend liebevolles Ambiente. «Wir versuchen, die Menschen hier ihre Wurzeln wieder spüren zu lassen. Früher saß Jung und Alt am selben Tisch, man aß miteinander, erzählte, sang, spielte. Und dies passiert hier in unserer Gaststube immer wieder, entgegen allen andersartigen gesellschaftlichen Entwicklungen.»

Stockfisch-Risotto mit Wirz / Wirsing

Es ist ein hartes Leben da draußen, wohin sich keiner verirrt, wenn er nicht über den Slowfood-Führer, der das Lokal in den höchsten Tönen lobt, oder Mund-zu-Mund-Propaganda hierher geführt wird. Aber wer einmal hier war, kommt wieder, auch wenn er jedesmal von Neuem das Navigerät braucht, um das Lokal überhaupt zu finden.

Elena und Massimo pflegen eine durch und durch authentische ländliche norditalienische Küche. Sie servieren das, was man hier immer gegessen hat: die Panissa, einen Risotto mit Bohnen und Speck, dann einen Risotto mit dem Karpfen aus dem Reisfeld vor der Tür, winzig kleine Froschschenkel in feiner Panade, Schnecken, Salsiccia, Koteletts in Agrodolce mit Zwiebeln ... Auch hier ist der Reis der Mittelpunkt, um den sich alles dreht. Auf einem Regal bei der Theke findet sich denn auch ein altes Schulheft: Fior di Riso – Tagebuch des Diamanten der Erde. Reis war und ist Schulstoff. Die Reisförderungsgesellschaft vermittelt in dieser Form alles über Geschichte, Wachstum, Verarbeitung – und Rezepte. «Risi e Bisi», lesen wir, ist ein traditionelles venezianisches Gericht. Reis mit grünen Erbsen, piselli, ein in dieser Kombination überaus hochwertiger Eiweißspender.

« Unire il riso e irrorare con brodo vegetale fino a cottura di quest'ultimo. »

Stockfisch-Risotto
mit Wirz / Wirsing

4 EL Olivenöl
200 g Wirz / Wirsing
200 g Stockfisch
oder Salzhering, gewürfelt
400 g Risottoreis
heiße Gemüsebrühe

fein gehackte glattblättrige Petersilie

1 Sehr salzigen Fisch einige Stunden in kaltem Wasser einlegen, abgießen.

2 Grobfasrige Teile vom Wirz enfernen, Wirz längs halbieren, Strunk herausschneiden, Hälften in Streifen schneiden.

3 Wirz im Olivenöl etwa 5 Minuten andünsten, Fisch 5 Minuten mitdünsten, Reis unterrühren, mit heißer Gemüsebrühe bedecken, unter gelegentlichem Rühren immer wieder heiße Brühe nachgießen. Risotto etwa 18 Minuten köcheln lassen.

4 Reis anrichten. Petersilie darüberstreuen.

Chef in der Küche ist Massimo. Er kocht und befiehlt. Elena ist die Ausführende seiner Gedanken. Sie macht – oder sie macht nicht. Denn einen eigenen Willen hat auch sie. Und sie bedient das Telefon, Reservationen, Anfragen. Eben hat jemand mit einer Weizenmehlallergie angerufen. Gang für Gang geht Elena der Frage nach Mehl nach. Die Risotti und Polente sind kein Problem, für die Panade der Frösche will die Dame ihr eigenes Mehl mitbringen – man wird für sie eine Spezialportion zubereiten – und nur die Torta, welche Amaretti enthält, muss sie auslassen. Dafür wird sie eine köstliche «macedonia», einen Fruchtsalat, serviert bekommen.

Für die Bobbas kommt eine innovative Küche nicht in Frage. Sie verstehen sich als Diener der Tradition, und sie ist es, die sie überleben lässt. Menschen ohne Erinnerung an alte Zeiten ermöglichen sie ein Eintauchen in eine längst vergangene Welt der Esskultur.

La Panissa – Bohnenrisotto

1 Für die Panissa verwendet Massimo Bobba einen Speck, der dank Kräuterkruste ein intensives Aroma hat.
2 Im Vercellese ist die Luftfeuchtigkeit so hoch, dass Salami nicht getrocknet werden kann. Stattdessen wird sie im Schmalz konserviert.

« Unite la salsa di pomodoro e il riso
e cuocete con il brodo dei fagioli.
Quando il riso sarà cotto, il piatto è pronto. »

La Panissa

Bohnenrisotto mit Salami und Speck

200 g Borlottibohnen
4 EL Olivenöl
1 kleine Zwiebel
100 g frische Salami
100 g durchwachsener Speck
400 g Risottoreis
2 dl / 200 ml Tomatensauce
ca. 1 l heißes Bohnenkochwasser

1 Borlottibohnen über Nacht in 2 Liter Wasser einweichen, Einweichwasser weggießen. Bohnen in frischem Wasser bei schwacher Hitze weichkochen. Abgießen, Kochwasser auffangen.

2 Zwiebel, Salami und Speck in feine Streifen schneiden, im Olivenöl andünsten, Tomatensauce und Reis zugeben, mit heißem Bohnenkochwasser bedecken, immer wieder Kochwasser nachgießen, umrühren und einkochen lassen. Unter gelegentlichem Rühren köcheln lassen, bis der Reis gar ist. Borlottibohnen unterrühren, erhitzen.

Hierhin kommen keine Geschäftsleute, hier werden keine Verhandlungen geführt, über die Politik gibt es sowieso schon längst nichts mehr zu sagen. Hier wird genossen, Familie und Freundschaft gepflegt, das Gemüt genährt, und manchmal holt jemand eine Gitarre hervor und man singt. Der Weg hierher, die Gaststube, das Essen, das Gespräch mit Massimo und Elena über Zutaten und Kultur – das alles gibt Abstand zum Alltag und, erstaunlicherweise, Platz für Visionen.

Massimos Küche hingegen ist modern eingerichtet, sehr klein, aber äußerst funktional. Er bereitet die Panissa und alle anderen Risotti nicht mit einer Brühe oder Wein zu, sondern mit dem traditionellen Soffritto, der alle paar Tage in großer Menge zubereitet wird. Dazu wird eine grobe Wurst durch den Fleischwolf gestoßen, Zwiebeln, Speck und Olivenöl sowie das Wasser, in denen die großen Bohnen weichgekocht wurden, kommen dazu. Die Panissa, der eigenwilligste aller Risotti, wird überall in der Gegend zubereitet. Niemanden mag es erstaunen, dass er in jedem Dorf wieder etwas anders zubereitet wird. Ein Geheimnis von Massimos Küche ist «lo strutto», das Schmalz. Es wird nicht nur als Fett, sondern auch zum Konservieren verwendet. Dank ihm können zum Beispiel die Würste haltbar gemacht werden. In der Poebene ist es nämlich zu feucht, es gibt nirgends trockene Keller, um Salami aufzubewahren. Deshalb wird diese in Gefäße gefüllt und mit Schmalz zugedeckt. So hält sie sich lange frisch.

Massimo und Elena Bobba sind jeden Tag von Neuem beglückt, diese Arbeit tun zu dürfen. Sie befriedigt sie zutiefst, weil die Verbundenheit mit der Erde, der Tradition und den Menschen im Vordergrund steht.

Erfinder und Zauberer

Daniele Siviero,
Ristorante Il Giardinetto, Vercelli

Vercelli. Mitten in der Stadt, ein paar Schritte vom Bahnhof entfernt, ein kleines Hotel, in dessen Restaurant sich die Welt im Teller trifft. Das Haus liegt in einer ruhigen Gasse und hat einen bezaubernd grünen Garten, in welchem bis spät nachts stimmungsvoll getafelt werden kann – wenn es nicht zu kühl ist.

Daniele Siviero ist ein innovativer Koch, einer, der auch noch so kleine Geschmacksnuancen aus Speisen herausschmeckt, ausprobiert, wie sie beeinflusst und verändert werden können, wieder schmeckt und neu kombiniert, bis er zufrieden ist.

Steinpilz-Risotto

Zwei Magier am Herd: das Resultat ist ein unvergesslicher Pilzrisotto.

Selbstverständlich hat Reis auch in der Küche von Daniele einen hohen Stellenwert. Ihn interessiert am Reis nicht die Tradition, sondern die Vielfalt an positiven Eigenschaften, die ihn für die neuzeitliche Ernährung so wertvoll machen: Reis ist gesund, leicht, hat viele Nährstoffe – und man kann ihn in unzähligen Variationen zubereiten. Dabei läge nun falsch, wer vermuten würde, dass bei Daniele Siviero eine fettarme Nouvelle Cuisine gepflegt werde. Denn genauso wichtig wie die Leichtigkeit des Reises ist für ihn die Verwendung von Butter.

Für Risotti ist die Butter das Fett seiner Wahl, weil sich das Reiskorn mit ihrem Fett nicht vollsaugt – im Gegensatz zum Olivenöl. Dieses würde er nur bei Risotti mit Fisch verwenden – und solche kocht er nicht, weil er Fisch nicht mag.

So steht im Namen der Leichtigkeit und des Geschmacks die Butter am Anfang eines jeden Risotto, der in seiner Küche entsteht. Und sie steht am Ende desselben, bevor er die Küche verlässt. Zu Beginn wird ein Teil der Butter geschmolzen, die Reiskörner und andere Zutaten darin angedünstet, mit Flüssigkeit abgelöscht – die Butter verstärkt die Aromen aller anderen Zutaten während des Kochens besonders intensiv. Jene Butter, die ganz zum Schluss ohne Hitze, aber zusammen mit dem Parmesan beigegeben und ausgiebig untergerührt wird, vollendet das Aroma und die Sinnlichkeit des Risotto: Das Reiskorn muss noch Biss haben, die «mantecatura» aber, das Unterrühren von Butter und Parmesan mit nachfolgender Ruhezeit, gibt dem Risotto jene Sämigkeit, die seinen unwiderstehlichen Charme ausmacht.

« Soffriggere il burro con i funghi,
mettere il riso e sfumare con vino bianco.
Portare a cottura con brodo.
Spegnere il fuoco e mantecare con burro e
parmigiano. »

Steinpilz-Risotto

30 g Butter
200 g frische Steinpilze
320 g Risottoreis
ca. 1½ dl / 150 ml Weißwein
ca. 1 l heiße Gemüsebrühe
ca. 40 g Butter
50–100 g Parmesan, fein gerieben

1 Steinpilze putzen und je nach Größe halbieren, vierteln oder in Streifen schneiden.

2 Pilze in der Butter andünsten, Reis mitdünsten, mit Weißwein ablöschen, einkochen lassen, nach und nach heiße Gemüsebrühe zugeben, häufig rühren. Nach etwa 18 Minuten Topf von der Wärmequelle nehmen. Parmesan und Butter unterrühren. Zugedeckt 2 Minuten ziehen lassen.

Variante Frische Steinpilze durch getrocknete oder andere frische oder getrocknete Pilze ersetzen.

Ein Phänomen, für das Daniele Siviero bisher noch keine Erklärung hat, ist, dass der in der Region gewachsene Reis hier ganz anders schmeckt, als wenn er nach Sizilien oder nach Nordeuropa transportiert und dort gegessen wird. Seine Frau stammt aus dem Süden, sie sind oft da, nehmen den Reis mit – und jedesmal ist es dasselbe: Der Risotto wird anders als zu Hause. Ist es die Qualität des Wassers? Die Reise? Die andere Luft? Was ist der Grund, dass der Risotto, der in der norditalienischen Ebene gewachsen ist, nur hier zu Hause so schmeckt, wie er schmecken soll?

Rhabarber-Risotto mit Schnittlauch

1 Rhabarber, Zwiebel und Butter – eine olfaktorische Sensation!
3 Der Roséwein sollte so gut sein, dass er auch gleich der Aperitif für die Köche ist.
4 Den Schnittlauch nicht zu fein schneiden.

« burro – rabarbaro – cipolla rossa –
vino rosato – riso Carnaroli – parmigiano –
brodo – erba cipollina »

Rhabarber-Risotto
mit Schnittlauch

30 g Butter
1 rote Zwiebel, fein gewürfelt
2–3 Rhabarberstängel, ca. 250 g
320 g Risottoreis
*ca. 1½ dl / 150 ml Vino rosato /
Roséwein*
ca. 1 l heiße Gemüsebrühe
1 Bund Schnittlauch, grob geschnitten
ca. 40 g Butter
50 –100 g Parmesan, fein gerieben

1 Rhabarber schälen und in Stückchen schneiden.

2 Zwiebeln und Rhabarber in der Butter andünsten, Reis zugeben und mitdünsten, mit Roséwein ablöschen und einkochen lassen, nach und nach heiße Gemüsebrühe zugeben, häufig rühren. Nach etwa 18 Minuten Topf von der Wärmequelle nehmen. Schnittlauch, Butter und Parmesan unterrühren. Zugedeckt 2 Minuten ziehen lassen.

3 Risotto in vorgewärmten Tellern anrichten.

Lauch-Risotto mit Guanciale
Kochen ist genauso sinnlich wie Essen!

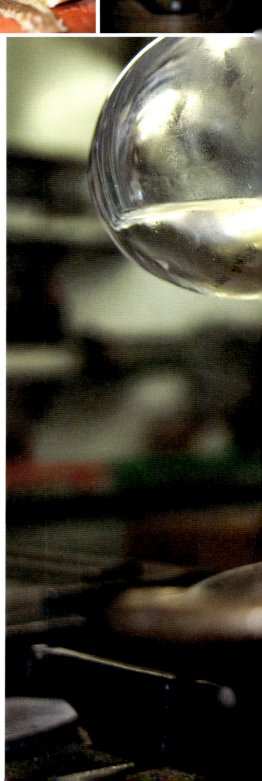

Daniele Siviero ist weit gereist, die Düfte der Welt haben sich ihm eingeprägt, er nimmt sie mit nach Hause, und plötzlich, unter der Dusche, ist die Idee da, wie kombiniert werden kann. Er stürmt noch halb nass in die Küche – und ist mitten in einem neuen kulinarischen Abenteuer. Da gibt es kein Halten. «Er hat fast jeden Morgen eine neue Idee», sagt seine achtjährige Tochter und lacht voller Stolz zu ihrem Papa hinüber. Sie ist gern in der Küche, schaut zu, beginnt auch schon selbst zu wirken. Ihre Leidenschaft ist das Backen, die hat sie von der Nonna geerbt, und diese führt sie auch ein in die Küchengeheimnisse der Familie.

In der Küche sind sie zu zweit: Mit Ahmed, dem kreativen jungen Koch aus Ägypten, ist das Kochen pure Freude. Ihre Ideen ergänzen und beflügeln sich auf erstaunliche Art; sie denken kulinarisch gleich, obwohl sie vollkommen andere Hintergründe haben. Bei so vielen Einfällen bleibt nur, die Speisekarte fleißig zu wechseln. Die Kreativität des Maestro genießt denn auch in weiten Kreisen einen guten Ruf.

Das Schöne am Risotto ist, so findet Daniele Siviero, dass alle Zutaten der Welt in ihm kombiniert werden können. Die sonst eher traditionelle italienische Küche wird so mit der Welt verbunden. Der Risotto ist und bleibt jedoch eine hervorragende touristische und kulinarische Visitenkarte für Italien.

« Soffriggere il burro con il guanciale, aggiungere i porri tritati finemente. »

Lauch-Risotto
mit Guanciale

30 g Butter
ca. 400 g Lauch
100 g Guanciale oder Pancetta, in Streifchen
320 g Risottoreis
ca. 1½ dl / 150 ml Weißwein
ca. 1 l heiße Gemüsebrühe
ca. 40 g Butter
50–100 g Parmesan, fein gerieben

1 Lauch von grobfasrigen Teilen befreien. Stangen längs halbieren und Hälften quer in feine Streifen schneiden.

2 Guanciale in der Butter andünsten, Lauch mitdünsten, Risotto zugeben und ebenfalls mitdünsten, mit Weißwein ablöschen und einkochen lassen, nach und nach heiße Gemüsebrühe zugeben, häufig rühren. Nach etwa 18 Minuten den Topf von der Wërmequelle nehmen. Butter und Parmesan unterrühren. Zugedeckt 2 Minuten ziehen lassen.

Guanciale ist ein aus der Schweinebacke oder dem Schweinenacken hergestellter Speck aus dem Latium. Die Herstellung ist ähnlich wie bei der Pancetta, aber der Speck ist etwas magerer. Er kann durch Pancetta, Coppa oder einen mageren Rohschinken ersetzt werden.

Ein junger Koch legt los

Davide Bonato, Ristorante Massimo, Trino

Der jüngste aller Risottoköche ist ein italienischer Jamie Oliver. Er hat seine eigene Fernsehsendung – Chilometro Zero –, in welcher er mit Charisma und Pep sein Wissen über lokale Produkte und einen neuzeitlichen Zugang zum Kochen an die junge italienische Bevölkerung heranträgt. Kochen ist eine der leichtesten Sachen der Welt – und dies gilt für alle. Man braucht nur ein paar Grundsätze zu kennen…

Davide Bonato ist jung und kocht seit zehn Jahren vorne mit. In England durfte er bereits als Siebzehnjähriger bei Stefano Cavallini an einem äußerst kreativen Kochbuch mitarbeiten. Von seinem Maestro hat er denn auch dieses Virus einer farbigen, lebendigen Küche, die nur so von Funken sprüht.

Das Ristorante Massimo liegt in einer typisch piemontesischen Kleinstadt am Rande der Poebene, mitten in den Reisfeldern, aber schon fast am Fuß der Hügel, welche diese gegen Süden begrenzen.

Davide Bonato erfindet alles neu. Das muss er, das liegt in seinem Wesen. Aber die traditionelle Küche seines Vaters liebt er trotzdem über alles. Von ihm hat er sehr viel gelernt. Dies gibt ihm nun die Basis, seinen eigenen Weg zu gehen. Jeder muss für sich herausfinden, wie sein Kochstil praktisch umgesetzt werden kann; alles andere geht schief.

In der Küche wirken denn auch die beiden gleichzeitig, mit- und nebeneinander. Während Vater Massimo für eine größere Gesellschaft ein traditionelles Mittagessen kocht, bereitet Sohn Davide die Risotti fürs Shooting zu – und gleichzeitig klingelt das Telefon immer wieder: Morgen ist ein großes Fest zur Lancierung des ersten von Mönchen gebrauten italienischen Biers angesagt. Bisher haben sie dem Wein die Treue gehalten, aber die Zeiten ändern sich, und gerade hier in Trino, dem Bilderbuchstädtchen, begegnen wir dem modernen Italien auf Schritt und Tritt. Der Mix von traditioneller Küche des Vaters und innovativer Küche des Sohnes kommt bei allen gut an und macht das Ristorante zu einem beliebten Treffpunkt von Jung und Alt.

Risotto mit weißer Trüffel

1 Zum Schluss wird weiße Trüffel über den fertigen Risotto gegeben. Wenn man denn welche findet…
2 Gemüsebrühe selbst herzustellen, ist nicht so aufwändig, wie mancher denkt.

« A cottura ultimata mantecare con burro,
sale, pepe, un goccio d'aceto e parmigiano.
Disporre il riso sul piatto e con l'aiuto di
una mandolina grattare sopra in piccole scaglie
il tartufo bianco. »

Risotto
mit weißer Trüffel

---

3 EL Olivenöl
1 Stück Butter
½ weiße Zwiebel, fein gewürfelt
400 g Risottoreis
1 Glas Weißwein
ca. 1½ l Gemüsebrühe
1 nussgroßes Stück Butter
Salz
frisch gemahlener Pfeffer
100 g Parmesan, fein gerieben
1 EL Weißweinessig

30 g weiße Trüffel

1 Zwiebeln in der Mischung aus Olivenöl und Butter andünsten, Reis zugeben und mitdünsten, mit Weißwein ablöschen und einkochen lassen, nach und nach heiße Gemüsebrühe zugeben, häufig rühren. Nach etwa 18 Minuten Topf von der Wärmequelle nehmen. Butter unterrühren. Risotto mit Salz und Pfeffer würzen, mit Parmesan und Weißweinessig abrunden. Zugedeckt 2 Minuten ziehen lassen.

2 Risotto in vorgewärmten Tellern anrichten. Frische weiße Trüffel darüberhobeln.

Geheimtipp Davide Bonato bereitet jeweils gleich für den Vorrat eine **Essig-Zwiebel-Reduktion** zu. Damit kann jeder fertige Risotto abgeschmeckt werden, zugleich wird aber auch der Garprozess gestoppt, was verhindert, dass der Risotto matschig wird. Zubereitung: Reichlich Butter in einem Topf schmelzen, fein gewürfelte Zwiebel zugeben und andünsten, mit Weißweinessig ablöschen, 5 Minuten köcheln lassen. In ein Glas mit Schraubverschluss füllen. Abkühlen lassen. Im Kühlschrank aufbewahren.

Porto-Risotto mit Kürbis und Bauernbratwurst

Der Kürbisrisotto mit gebratenem pikantem Bauernbratwurstbrät und einer Porto-Reduktion, den Davide fürs Bild kocht, ist eine Hauptprobe für das Bier-Fest der Mönche, zu dem viele Medienleute erwartet werden. Der Risotto wird dann zum ersten Mal auf der Speisekarte stehen.

Risotto wurde früher fast ausschließlich in der Familie gekocht. In den Restaurants hatte er wenig zu suchen, weil es sehr anspruchsvoll ist, ihn auf den Punkt gegart dem Gast zu servieren. Er braucht immer 18 Minuten, und er muss immer frisch zubereitet werden. Aber er hält nun auch Einzug in der gehobenen Gastronomie. Heute sind die Köche kreativ, sie entwickeln neue Rezepte.

Davide hat ein paar Tricks für den perfekten Risotto bereit: Die Mischung von Olivenöl und Butter ist seiner Meinung nach genial. Er glasiert den Reis darin bei mäßiger Hitze und löscht ihn mit einer frisch aufgesetzten, leichten Brühe aus Wasser, etwas Gemüse und Salz ab. Er verwendet nie vakuumierten Reis. Das Resultat ist einfach nicht dasselbe, wie wenn er den Reis aus dem für die Gegend üblichen Stoffsäckchen nimmt.

« Nel frattempo tagliare in piccoli pezzetti la salsiccia e dorarla bene, in un altro pentolino far ridurre il vino porto con lo zucchero fino alla densità del miele. »

Porto-Risotto

mit Kürbis und Bauernbratwurst

2 EL Olivenöl
1 nussgroßes Stück Butter
½ weiße Zwiebel, fein gewürfelt
200 g Kürbisfleisch, mehlige Sorte
400 g Risottoreis
1 Glas Weißwein
ca. 1½ l Gemüsebrühe
1 nussgroßes Stück Butter
Salz
frisch gemahlener Pfeffer
1 EL Weißweinessig
20 g Parmesan, fein gerieben

200 g Bauernbratwurst, in Stückchen

1 dl / 100 ml Portwein
1 EL Zucker

1 Zwiebeln in der Mischung aus Olivenöl und Butter andünsten, zuerst Kürbis zugeben und mitdünsten, dann Reis zugeben und mitdünsten, mit Weißwein ablöschen und einkochen lassen. Sobald der Wein verdampft ist, nach und nach heiße Gemüsebrühe zugeben, häufig rühren. Die Garzeit ist etwa 18 Minuten.

2 In der Zwischenzeit Bauernbratwurst in einer beschichteten Bratpfanne langsam rösten.

3 Portwein mit dem Zucker in einem Pfännchen einkochen lassen, bis er die Konsistenz von Honig hat.

4 Risotto mit Butter, Salz, Pfeffer und Weißweinessig verfeinern, mit Parmesan abschmecken. Zugedeckt 2 Minuten ziehen lassen.

5 Risotto in vorgewärmten Tellern anrichten, Bratwurst in die Mitte geben, mit der Portoreduktion beträufeln.

Gemüsebrühe Am besten bereitet man sie frisch zu. Eine kleine Karotte, eine kleine Zwiebel und ein Stück Knollensellerie schälen und in grobe Stücke schneiden, mit einem Liter Wasser aufkochen, ein Lorbeerblatt und nach Belieben Kräuter beigeben, mit etwas Salz würzen. Rund 10 Minuten köcheln lassen. Brühe durch ein Sieb passieren. Gemüse für eine Suppe verwenden.

Ein Risotto muss cremig sein, aber das Korn muss noch spürbar sein. Deshalb mag Davide den frischen Reis – entgegen allen Empfehlungen – sehr gern, weil dieser eine große Bindekraft hat. Ganz zum Schluss gibt er dann einen Schuss Weißweinessig oder einen Löffel der Essig-Zwiebel-Reduktion (Seite 103) dazu. So wird ein Weiterquellen verhindert und das Reiskorn bleibt al dente. Der Koch entscheidet, wie flüssig er den Risotto haben will. Das bedeutet, gefühlvoll Brühe nachzugießen, je nachdem, wo die eigenen Idealvorstellungen liegen. Der eine mag ihn etwas flüssiger, der andere etwas trockener. Zusammen mit dem «aceto», der Butter und dem Parmesan ergibt sich die perfekte Mischung.

Botschafter des Risotto

Gabriele Ferron, Ristorante Alla Torre und Ristorante Pila Vecia, Isola della Scala

Willkommen auf der Insel. Zwar ist sie nicht wie üblicherweise von Wasser umgeben, aber das Wasser ist hier Quelle für alles, was im Laufe der Jahrhunderte dem Sumpf abgerungen wurde. Die Isola della Scala wurde als erstes Gebiet im Veneto im Mittelalter von Benediktinermönchen urbar gemacht, so dass Reis und andere Getreide angebaut werden konnten. Im 13. Jahrhundert gab dann die Veroneser Adelsfamilie der Skaliger dem Grund den definitiven Namen. Auf dem Gelände der «Pila vecia», der alten Reismühle, sprudelt eine Quelle aus dem Boden, welche die Reisfelder mit frischem Wasser versorgt.

Spätestens wenn Gabriele Ferron in dem von ihm selbst angelegten Wäldchen auf der Brücke stehen bleibt, unter der jener Bach vorbeizieht, der etwas weiter oben glucksend ans Ufer schlägt, dann über eine Schwelle rauscht und hundert Meter entfernt das Mühlrad antreibt, das Tag und Nacht die bald fünfhundertjährige Mühle am Laufen hält, spätestens dann, wenn der Schöpfer dieses Landes die Hand leicht hebt und sagt: «Horch! Hier erlebst du die reine Poesie dieses Ortes», ist klar, dass dem Wasser eine Schlüsselposition zukommt. Gabriele Ferron ist ein Sinnesmensch ganz und gar; ein Genießer all des Belebenden und Schönen, was die Erde uns zu bieten hat. Er wird nicht nur zu Recht Botschafter des Risotto genannt – im Grunde ist er ein Botschafter der Lebensfreude überhaupt.

An oberster Stelle jedoch steht der Reis, für ihn lebt er. Er liebt ihn mehr als alles andere, und das ist bei ihm keine Floskel. Vielleicht weil er auf einem Reishalm geboren wurde, wie er lachend von sich behauptet. In der fünften Generation einer Reisdynastie geboren, schien sein Schicksal vorgezeichnet zu sein. Aber er wäre nicht Gabriele Ferron, wenn er das Schicksal nicht selbst in die Hand genommen hätte, mit vierzehn Jahren von zu Hause abgehauen wäre und in verschiedenen Restaurants erste Berufserfahrungen gesammelt hätte, angefangen beim Tellerwäscher. Er entdeckte seine Leidenschaft fürs Kochen, schaute den Profis zu und lernte von ihnen. Als er nach einiger Zeit ins Familiengut zurückkehrte, tat er, was von ihm verlangt wurde, aber an den Wochenenden verschanzte er sich in der Küche und kochte, kochte, kochte, während die Gleichaltrigen die Nächte im Ausgang vertanzten. «Du kannst dir deine Leidenschaft nicht aussuchen. Und es gibt nichts, was dich glücklicher macht, als wenn du sie leben darfst. Für mich ist Kochen Erfüllung.»

Risotto all'Amarone

3 Die gedünsteten Zwiebeln werden zum Reis gegeben.
4 Eine Farborgie: Amarone färbt den Reis dunkelrot.

« Questa ricetta sfrutta le sorprendenti qualità organolettiche dell'Amarone della Valpolicella. Presenta un colore rosso granato ed un caratteristico profumo. »

all'Amarone

---

1 EL Olivenöl
30 g rote Zwiebeln, fein gewürfelt
1 EL Olivenöl
400 g Reis,
Nano Vialone Veronese I.G.P.
3 dl / 300 ml Amarone
9 dl / 900 ml heiße Geflügelbrühe
1 nussgroßes Stück Butter
60 g geriebener Parmesan

Salz und Pfeffer nach Belieben

1 Zwiebeln in 1 EL Olivenöl andünsten, beiseite stellen.

2 Reis im restlichen Olivenöl bei schwacher Hitze einige Minuten andünsten, Amarone zugeben und bei mittlerer Hitze unter behutsamem Rühren einziehen lassen, so dass der Reis sich rot färbt. Heiße Geflügelbrühe und vorgegarte Zwiebeln unterrühren, Risotto zugedeckt bei schwacher Hitze etwa 15 Minuten garen.

3 Topf von der Wärmequelle nehmen. Amarone-Risotto mit Butter und Parmesan abschmecken.

Geflügelbrühe Eine kleine Karotte und Zwiebel und wenig Knollensellerie schälen und in Stücke schneiden. Mit einem Liter Wasser und zwei Poulet-/Hühnerflügeln aufkochen, nach Belieben Kräuter beigeben, mit etwas Salz würzen. 10 Minuten köcheln lassen. Brühe durch ein Sieb passieren. Gemüse und abgelöstes Fleisch für eine Suppe verwenden.

Risotto mit Basilikum

3 Das Basilikum gibt dem Risotto eine wunderbare grüne Farbe.
4 Und nun noch die Garnitur am richtigen Ort platzieren.

Kommunikativ und charismatisch, wie er ist, hat er im Restaurant, das eine logische Folge seiner Leidenschaft ist, die Küche so gebaut, dass er mit den Gästen in Kontakt sein kann und sie zusehen dürfen, wie ihr Essen entsteht. Wenn jemand einen Risotto wünscht, der noch nicht auf der Speisekarte steht, steigt er mit dem Gast in seinen Garten hinunter, lässt ihn die Zutaten aus einer Vielfalt biologisch gezogener Kräuter, Gemüse und Früchte aussuchen und kocht für ihn eine exklusive Neukreation. Auf Anmeldung kocht er auch ein achtgängiges Reismenü, von Antipasti, Suppe, Salat, Risotto und Hauptgängen bis zu diversen süßen Nachspeisen.

Wenn die Gäste gesättigt und zufrieden heimgekehrt sind, wandert Gabriele Ferron unter dem Veroneser Sternenhimmel über den Hof, der lauter glückliche Gänse, Hühner, Kaninchen, Ziegen, Schweine, Esel und Ponys beherbergt, biegt in die von ihm angelegte Allee ein, ein grasbewachsener Weg, beidseits von Bäumen gesäumt, und geht bewusst, zum millionsten Mal, wie er sagt, genießt jeden Schritt und spürt dem Glück nach, das in jedem Geräusch der Nacht, in jeder Bewegung eines Baumblattes liegt, dem Glück, dass er hier leben und wirken, kochen und seinen Visionen Gestalt geben darf. Und wenn der Tag besonders heiß war, kühlt er sich im Becken ab, in dem die Fische schwimmen, begrüßt seinen Freund, den Big Fish, der ihm direkt in die Arme schwimmt.

« Togliere tutto lo scalogno,
versare il riso nella casseruola e tostare per
qualche minuto. Aggiungere il brodo bollente
tutto in una volta, mescolare,
coprire e porre la fiamma al minimo. »

mit Basilikum

1 EL Olivenöl
1 kleine Schalotte, groß gewürfelt
400 g Reis,
Nano Vialone Veronese I.G.P.
9 dl / 900 ml Gemüsebrühe
1 nussgroßes Stück Butter
2 EL geriebener Parmesan
ca. 20 Basilikumbätter,
fein geschnitten
Salz und Pfeffer nach Belieben

1 Schalotten im Olivenöl goldbraun dünsten, Schalotten entfernen. Reis in den Topf geben und bei schwacher Hitze eir paar Minuten rühren. Heiße Gemüsebrühe (zwei Tassen Brühe auf eine Tasse Reis) zugeben, rühren, Risotto bei schwacher Hitze zugedeckt etwa 18 Minuten garen.

2 Den Topf von der Wärmequelle nehmen, Butter, Parmesan und Basilikum unterrühren.

Tipp Risotto mit ganzem Basilikum und Cherrytomaten garnieren.

Rund fünfzig Menschen arbeiten für das Unternehmen Riseria Ferron. So viele waren es auch, die im Zweiten Weltkrieg hier als Flüchtlinge Aufnahme fanden, fünfzehn von Haus und Hof vertriebene Familien, die dank einer Vielfalt an Handwerken, die sie beherrschten, eine Insel bildeten – Kleines Italien genannt – und unter anderem aufgrund der Reisveredelung knapp überleben konnten. Die alte Reismühle mit dem wassergetriebenen Mühlwerk aus dem 17. Jahrhundert ist heute ein denkmalgeschütztes Objekt, das aber keine Sekunde an Ruhe denkt; die Mühle ist das Herz der Insel, der Puls dieses besonderen Unternehmens, aus dem der weltweit von Gourmets hoch geschätzte Riso Ferron stammt, den es in den Sorten Carnaroli und Vialone Nano gibt, von Vollkorn bis fein poliert.

In Isola della Scala, wenige Schritte von seinem zweiten Restaurant, dem Ristorante alla Torre entfernt, veranstaltet das Organisationskomitee «Ente Fiera di Isola della Scala» jährlich ein großes Risottofest, die Fiera del Riso, zu welchem die besten Risottoköche des Landes kommen und in der Top Show regionale Reisspezialitäten und Risotti zubereiten. Knapp vierhunderttausend Gäste besuchen jedes Jahr die Fiera (www.isolafiere.it).

Risotto all'Isolana

1 Das Risottoköpfchen: Der Meister macht es vor.
4 Ferrons Risotti begeistern weltweit – und nach wie vor auch ihn selber.

« Rosolare la carne e insaporire con pepe, sale e una spruzzatina di vino bianco, quindi abbassare il fuoco e completare la cottura. »

all'Isolana

---

30 g Butter
1 Rosmarinzweiglein
150 g Schweinefilet, klein gewürfelt
150 g Kalbfleisch, klein gewürfelt
Salz
frisch gemahlener Pfeffer
wenig Weißwein
320 g Reis,
Nano Vialone Veronese I.G.P.
7 dl / 700 ml heiße Fleischbrühe
50 g geriebener Parmesan
Zimtpulver
10 g Butter

Rosmarinzweiglein

1 Butter in einer Pfanne schmelzen, Rosmarinzweiglein zugeben und 2 bis 3 Minuten rühren, Zweiglein entfernen. Fleischwürfelchen zugeben, bei starker Hitze anbraten, würzen, mit wenig Weißwein ablöschen, bei schwacher Hitze 3 Minuten fertig garen.

2 Fleischbrühe aufkochen, Reis unterrühren, nochmals aufkochen, Risotto bei schwacher Hitze zugedeckt 15 Minuten garen. Die Hälfte der Fleischwürfelchen zugeben, weitere 3 bis 5 Minuten köcheln lassen, bis der Reis die Fleischbrühe aufgenommen hat.

3 Topf von der Wärmequelle nehmen, Risotto mit Parmesan, Zimt und Butter abschmecken. Restliche Fleischwürfelchen unterrühren. Risotto in Tassen füllen, Köpfchen auf Teller stürzen, mit Rosmarin garnieren.

Roter Vollkornrisotto mit Gemüse und Meeresfrüchten

2 Damit das Gemüse schön grün bleibt, wird es mit Eiswasser abgeschreckt.
4 Zum Servieren kann der Reis portionenweise in einen Ring gegeben werden.

Den Reis zelebrieren – das ist Ferrons Idee, und damit hat er weltweit viel erreichen können. Unter anderem unterrichtet Gabriele Ferron kleine und große Köche in Kursen, in denen er die richtige Zubereitung des Risotto lehrt. In der «Pila vecia» hat er dafür eine Kochschule eingerichtet. Und weil er will, dass jedermann einen Risotto kochen kann, der auch wirklich schmeckt, hat er das traditionelle Rezept etwas abgeändert und vereinfacht: So gibt er die Brühe auf einmal zu, sie soll nach einem ersten gründlichen Rühren den Reis bedecken und dieser erst zum Schluss beim Abschmecken wieder gerührt werden.

Gabriele Ferrons innovative Gedanken beschränken sich aber nicht auf die Küche: Er war es, der den 300 Jahre alten, vergessenen Brauch, Karpfen als Unkrautvernichter in den gefluteten Feldern einzusetzen, wieder eingeführt hat. Und ihm verdankt man auch die Tendenz, den Reis weniger stark zu polieren, um so die Vitalstoffe möglichst zu erhalten. Weniger stark polierter Reis hat ein nussiges Aroma und ergibt mit Gemüse eine kulinarisch interessante Kombination.

« Aggiungete il peperoncino e le code di gambero sgusciate e insaporite con sale. Cuocete a fiamma viva. »

Roter Vollkornrisotto

mit Gemüse und Meeresfrüchten

200 g roter Hermesreis (Vollkorn)
4½ dl / 450 ml Gemüsebrühe
2 Zucchini
3 Karotten
1 Aubergine
1 zarter Lauch
80 g grüne Erbsen
2 Fleischtomaten, entkernt, klein gewürfelt
2 EL Olivenöl
Salz und Pfeffer nach Belieben
300 g Krevetten / Garnelen mit Schwanz, geschält, Darm entfernt
wenig frischer Peperoncino / Chilischote
2 Knoblauchzehen

1 Gemüsebrühe aufkochen, Reis zugeben, gut rühren, zudecken und warten, bis die Brühe wieder sprudelt, für 32 Minuten in den auf 200 °C vorgeheizten Ofen schieben. Wenn der Reis gar ist, überschüssige Flüssigkeit abgießen. Reis auf einer Platte erkalten lassen.

2 Karotten schälen, Zucchini und Aubergine beidseitig kappen, alles in Würfelchen schneiden, Lauch in Streifen schneiden, im Salzwasser 3 bis 5 Minuten, Erbsen 1 Minute blanchieren, in ein Sieb abgießen und im Eiswasser abschrecken, damit die Farben erhalten bleiben.

3 In einer Bratpfanne Krevetten und Knoblauch im Olivenöl bei mittlerer Hitze braten, mit Salz und Peperoncino würzen.

4 Risotto, Gemüse und Tomaten mischen, nach Belieben mit Salz und Pfeffer würzen und mit Olivenöl abschmecken. Den Reis mit Hilfe eines Ringes auf vorgewärmten Tellern anrichten, mit den warmen Krebsschwänzen garnieren.

Die Tessiner Köchin

Die Naturverbundene

Erica Bänziger, Verscio

Ein guter Risotto braucht Zeit und Zuwendung. Ein Tessiner Küchenchef vergleicht den Risotto mit einem VIP. Die Gäste sollen auf ihn warten und nicht umgekehrt. Ein Risotto muss stets frisch auf den Tisch kommen. 20 Minuten dauert das in jedem Fall. Ein absolutes Muss ist das ständige Rühren, damit die Stärke im Reiskorn gelöst und der Risotto sämig wird. Das Korn muss am Schluss noch Biss haben, ähnlich wie die Pasta. Risotto all'onda: Bei kräftigem Bewegen des Topfes schlägt der Risotto eine cremige Welle. Diesen Test muss jeder perfekte Risotto bestehen.

Ein weiterer Tipp vom Kenner. Traktiere deinen Risotto nicht mit der Kelle wie ein Maurer seinen Mörtel. Die Körner würden Schaden nehmen. Erschrecke ihn weder mit Kälte noch belästige ihn mit zu viel sprudelnder Hitze. Nie darf sich die Flüssigkeit mit einem Zischlaut in den Dunstabzug verflüchtigen, sonst ist das Aroma weg.

Eine ständige Debatte unter Risottokennern ist der Wein. Muss es ein Luxustropfen sein oder darf es auch ein einfacher Kochwein sein? Ein guter, trockener Kochwein kann nach Ansicht verschiedener Küchenchefs seine Aufgabe bestens erfüllen. Andere nehmen teure Jahrgangsweine, was im Restaurant einen höheren Preis rechtfertigt.

Für einen Risotto eignet sich der Carnaroli-Reis am besten. Der Rundkornreis zeichnet sich durch einen hohen Stärkeanteil aus, was für die Sämigkeit des Risotto wichtig ist. Gute Reiszüchtungen kommen aus der Lombardei, wozu früher auch der Süden des Tessins, das Piemont und Genua gehörten. Heute wächst auch im Tessin wieder Reis. Das nördlichste Anbaugebiet der Welt befindet sich in der Nähe von Ascona.

Risotto mit Tomaten
und Büffelmozzarella

2 EL Olivenöl
1 kleine Zwiebel, fein gewürfelt
1 Knoblauchzehe, fein gewürfelt
250–300 g Risottoreis
1 dl / 100 ml Weißwein
ca. 1 l heiße Hühner- oder Gemüsebrühe
500 g sardische Tomaten
2 EL Olivenöl
½ Bund Zitronenthymian oder Thymian
Kräutersalz
150 g Büffelmozzarella, in Scheiben
Olivenöl

1 Zwiebeln und Knoblauch im Olivenöl andünsten, Reis zugeben und glasig werden lassen, mit Weißwein ablöschen. einkochen lassen, nach und nach heiße Gemüsebrühe dazugeben, häufig rühren, 20 Minuten köcheln lassen.

2 Tomaten halbieren oder vierteln, im Olivenöl 2 bis 3 Minuten dünsten, würzen mit abgezupften Thymianblättchen und Kräutersalz.

3 Tomaten unter den Risotto rühren, kurz köcheln lassen. Risotto anrichten. Mit Mozzarella garnieren. Mit Olivenöl beträufeln.

Vom Guten das Beste Für diesen Risotto dürfen die Tomaten süßlich sein. Wenn keine sardischen Tomaten (Fleischtomaten) verfügbar sind, die etwas kleineren Cherrytomaten verwenden. Nur echten Mozzarella, also Büffelmozzarella, verwenden; Kuhmilchmozzarella ist gummiartig.

« Ein Traumpaar: Sonnengereifte Tomaten und Büffelmozzarella. »

Erbsen-Risotto

mit würzigem Taleggio

30 g Butter
oder 2 EL Olivenöl
1 kleine Zwiebel, fein gewürfelt
300 g Risottoreis
1 dl / 100 ml Weißwein
ca. 1 l heiße Gemüse-
oder Hühnerbrühe
200 g ausgelöste frische grüne Erbsen
100 g Taleggio, fein gewürfelt,
oder 100 – 200 g Ziegenfrischkäse
Olivenöl
2 EL fein gehackte Minze
frisch gemahlener Pfeffer

Zwiebeln in der Butter andünsten, Reis zugeben und glasig werden lassen, mit Weißwein ablöschen, einkochen lassen, nach und nach heiße Gemüsebrühe zugeben, häufig rühren, 20 Minuten köcheln lassen. Grüne Erbsen die letzten 5 Minuten mitgaren. Taleggio unterrühren und schmelzen lassen, mit Olivenöl, Minze und Pfeffer abschmecken.

Alternativen Frische grüne Erbsen sind durch nichts zu ersetzen. Wenn sie aber nicht gartenfrisch erhältlich sind, können es auch junge Kefen/Zuckerschoten sein. Anstelle des würzigen Taleggio bietet sich der mildere Ziegenfrischkäse an. Ein ganz anderes Geschmackserlebnis erwartet den Genießer, wenn man die Minze durch Basilikum ersetzt.

« Frisch aus der Hülse:
Das ist Erbsenaroma pur. »

Roter Risotto

30 g Butter
oder 1 EL Olivenöl
1 kleine Zwiebel, fein gewürfelt
300 g Risottoreis
1 dl / 100 ml Randen- / Rote-Bete-Saft
ca. 1 l heiße Gemüse-
oder Hühnerbrühe
1 gekochte Rande / Rote Bete,
geschält, fein gerieben
100 g Taleggio, klein gewürfelt,
oder 100 g Ziegenfrischkäse
Olivenöl
frisch gemahlener Pfeffer

Zwiebeln in der Butter andünsten, Reis zugeben und glasig werden lassen, mit Gemüsesaft ablöschen, einkochen lassen, nach und nach heiße Gemüsebrühe zugeben, häufig rühren, etwa 15 Minuten köcheln lassen, dann fein geriebenes Wurzelgemüse unterrühren, 5 Minuten köcheln lassen, Taleggio unterrühren und schmelzen lassen, mit Olivenöl und Pfeffer abschmecken.

Alternativen / Tipps Den Risotto mit in Butter gebratenen Salbeiblättchen garnieren. Der Risotto schmeckt auch wunderbar mit Gorgonzola. Geriebene Randen durch geriebene Karotten oder Karottensaft ersetzen und Risotto mit leicht gerösteten Pinienkernen anreichern.

Abbildung

Schwarzer Risotto
mit scharfen Schoten und Tintenfisch

250–300 g schwarzer Risottoreis,
Venere (Piemont)
5–6 dl / 500–600 ml Wasser
2 EL Olivenöl
1 EL Butter
1 mittelgroße Zwiebel, fein gewürfelt
1 dl / 100 ml Weißwein oder Prosecco
frisch gemahlener Pfeffer
Salz

2–3 EL Olivenöl
je ½ roter und grüner Peperoncino /
Chilischote, fein geschnitten
200 g kleine Sepia / Tintenfische,
küchenfertig

1 Reis mit Wasser aufkochen, 8 bis 10 Minuten köcheln lassen. Auf der ausgeschalteten Wärmequelle zugedeckt rund 30 Minuten quellen lassen.

2 Zwiebeln in der Mischung aus Olivenöl und Butter andünsten, Reis und Weißwein zugeben und kurz köcheln lassen.

3 Peperoncini im Olivenöl andünsten, Sepia zugeben und einige Minuten mitdünsten.

4 Sepia zum Risotto geben, mit Salz und Pfeffer abschmecken.

Bärlauch-Risotto

30 g Butter oder
2 EL Olivenöl
1 kleine Zwiebel, fein gewürfelt
300 g Risottoreis
1 dl / 100 ml Weißwein
ca. 1 l heiße Gemüse-
oder Hühnerbrühe
2 große Handvoll Bärlauch (ca. 150 g),
fein geschnitten
100 g Taleggio, fein gewürfelt,
oder 100 g Sbrinz, fein gerieben
Olivenöl
frisch gemahlener Pfeffer

Zwiebeln in der Butter andünsten, Reis zugeben und glasig werden lassen, mit Weißwein ablöschen und einkochen lassen, nach und nach heiße Gemüsebrühe zugeben, häufig rühren, etwa 20 Minuten köcheln lassen. Fein geschnittenen Bärlauch 2 bis 3 Minuten mitköcheln lassen. Taleggio unterrühren und schmelzen lassen, mit Olivenöl und Pfeffer abschmecken.

Alternativen In der Sommerzeit den Bärlauch durch Basilikum ersetzen. Anstelle des Taleggio kann ein Ziegenfrischkäse oder ein milder Frischkäse verwendet werden.

Abbildung

Rucola-Risotto

4 EL Butter oder Olivenöl
oder halb / halb
1 mittelgroße rote Zwiebel,
fein gewürfelt
300 g Risottoreis, Acquerello
2 Prisen Safranfäden
2 dl / 200 ml Weißwein
1 l heiße Hühnerbrühe
4 EL Mascarpone
60 g Parmesan, fein gerieben
Salz
frisch gemahlener Pfeffer
2 Bund Rucola

1 Rucola fein hacken.

2 Rote Zwiebeln in der Butter-Olivenöl-Mischung andünsten, Reis zugeben und glasig werden lassen, Safranfäden zugeben, mit Weißwein ablöschen und einkochen lassen, Hühnerbrühe nach und nach zugeben, unter Rühren 20 Minuten köcheln lassen, der Reis muss noch al dente sein. Mascarpone und Parmesan unterrühren, mit Salz und Pfeffer abschmecken. Rucola unterrühren. Sofort servieren.

Fruchtiger Risotto
mit Gorgonzola

2 EL Olivenöl
300 g Risottoreis
1 dl / 100 ml Weißwein
1 l Gemüse- oder Hühnerbrühe
2 reife Birnen
250 g Gorgonzola, fein zerbröckelt
frisch gemahlener Pfeffer

1 Reis im Olivenöl glasig werden lassen, mit Weißweir ablöschen, einkochen lassen, nach und nach heiße Gemüsebrühe zugeben, häufig rühren, 15 Minuten köcheln lassen

2 Birnen schälen, vierteln und entkernen, Viertel quer in Scheiben schneiden.

3 Birnen 3 bis 5 Minuten vor Ende der Garzeit unter den Risotto rühren, Gorgonzola unterrühren und schmelzen lassen. Mit Pfeffer abschmecken.

Alternativen Birnen durch Äpfel und Weißwein durch Prosecco ersetzen. Gehackte Baumnüsse / Walnüsse geben dem Risotto etwas Biss. Bei Tisch den Risotto individuell mit frisch gemahlenem schwarzem Pfeffer abschmecken.

« Gorgonzola und Birne:
    Sie sind füreinander geschaffen. »

Fenchel-Risotto
mit Ricotta

200 g roter Camarguereis
4 dl / 400 ml Wasser
3 EL Olivenöl
2 mittelgroße Fenchelknollen
2 Knoblauchzehen, fein gewürfelt
1 Peperoncino / Chilischote,
aufgeschnitten, entkernt,
in feinen Streifen
wenig Gemüsebrühe
frisch gemahlener Pfeffer
1 Bio-Zitrone, abgeriebene Schale
4 EL frisch geriebener Parmesan
4 EL Ricotta
4 EL gehackte glattblättrige Petersilie
wenig gehacktes Fenchelgrün
Olivenöl, zum Abschmecken

1 Reis mit Wasser aufkochen, 8 bis 10 Minuten köcheln lassen, auf der ausgeschalteten Wärmequelle zugedeckt rund 30 Minuten quellen lassen.

2 Grobfasrige Teile des Fenchels mit dem Sparschäler entfernen. Knollen vierteln und fein schneiden.

3 Fenchel, Knoblauch und Chili im Olivenöl 5 Minuten dünsten, Reis und wenig Gemüsebrühe zugeben, Risotto kurz köcheln lassen, mit Salz, Pfeffer und Zitronenschale würzen. Parmesan und Ricotta unterrühren, Risotto nicht mehr kochen. Mit Petersilie und Fenchelgrün bestreuen, mit Olivenöl beträufeln.

Produkteinfo Der Camarguereis ist ein Vollkornreis. Er hat viel Aroma und bleibt körnig. Er wächst nicht im Wasser und gedeiht deshalb auch in eher trockenen Regionen. Den Reis erst nach dem Garen salzen, sonst wird er nicht weich.

« Camarguereis und Fenchel:
Würziger Reis, liebliches Gemüse. »

Bier-Risotto

mit Schweinswurst

1 EL Butter
1 EL Olivenöl
1 Knoblauchzehe, fein gewürfelt
1 kleine Zwiebel, fein gewürfelt
70 g Pancetta- oder Speckwürfelchen
100 g Luganighetta
*(fette Schweinswurst aus dem Tessin,
alternativ Westfälische Mettenden)*
250 g Risottoreis
1½ dl / 150 ml helles Bier
*ca. 1 l Brühe, wahlweise Hühner-,
Gemüse- oder Kalbsbrühe*
150 g frische oder tiefgekühlte Erbsen
50 g Parmesan, fein gerieben
Rahm / Sahne
frisch gemahlener Pfeffer
gehackte Petersilie, zum Bestreuen

1 Luganighetta aus der Haut drücken und in kleine Stücke teilen.

2 Knoblauch und Zwiebeln in der Butter-Olivenöl-Mischung etwa 3 Minuten dünsten, Pancetta und Luganighetta zugeben und anbraten, Reis zugeben und glasig werden lassen, mit dem Bier ablöschen und einkochen lassen, heiße Brühe nach und nach zugeben, häufig rühren, Risotto 18 bis 20 Minuten köcheln lassen. 5 Minuten vor Ende der Garzeit Erbsen unterrühren. Risotto mit Parmesan und Rahm verfeinern, mit Pfeffer abrunden. Mit Petersilie bestreuen.

《 Schwein und Bier: Bekannte Kombination in neuem Umfeld. 》

Grapefruit-Risotto
mit Scampi

50 g Butter
1 Schalotte, fein gewürfelt
250–300 g Risottoreis
1 dl / 100 ml Weißwein
ca. 1 l Gemüsebrühe
wenig fein geriebener Parmesan
oder Sbrinz
2 rosa Bio-Grapefruits
wenig Butter
Salz
frisch gemahlener Pfeffer

12 Scampi,
davon 3 Stück fein geschnitten
2 EL Olivenöl
1 Handvoll abgezupfter Kerbel
oder abgezupfte Petersilie

1 Wenig Grapefruitschale abreiben. Grapefruits schälen und auch die weiße Haut entfernen. Fruchtfilets aus den Trennhäutchen schneiden, Fruchtsaft auffangen.

2 Schalotten in der Butter andünsten, Reis zugeben und glasig werden lassen, mit Weißwein ablöschen und einkochen lassen, nach und nach heiße Gemüsebrühe zugeben, häufig rühren. Nach etwa 15 Minuten Grapefruitschale und fein geschnittene Scampi unterrühren, etwa 2 Minuten ziehen lassen. Risotto mit etwas Grapefruitsaft und Butter verfeinern, mit Salz und Pfeffer würzen.

3 Scampi in einer Bratpfanne im Olivenöl kurz braten.

4 Risotto anrichten, Grapefruitfilets und Scampi dazulegen, mit dem Kerbel garnieren.

Grapefruit Der leicht bittere Grapefruitgeschmack passt wunderbar zu den Scampi (aus Bio-Zucht). Für diesen Risotto nur weißen Reis verwenden, bei Vollkornreis kommt der feine Grapefruitgeschmack nicht zur Geltung. Der Kerbel macht sich in diesem Risotto besonders gut.

Risotto

mit roter Brüsseler Endivie und Catalogna

50 g Butter
1 mittelgroße Zwiebel, fein gewürfelt
300 g Risottoreis
2 dl / 200 ml Weißwein
ca. 1 l Gemüse- oder Rinderbrühe
2 EL Olivenöl
1 rote Brüsseler Endivie /
roter Chicorée
1 kleine Catalogna
1 Bund Rucola, fein geschnitten
50 g Butter
100 g Parmesan, fein gerieben
wenig Rahm / Sahne, steif geschlagen
Salz
frisch gemahlener Pfeffer

1 Den Brüsseler Endivie / Chicorée und Catalogna in feine Streifen schneiden, im Olivenöl 5 Minuten dünsten.

2 Zwiebeln in der Butter andünsten, Reis zugeben, glasig werden lassen, mit Weißwein ablöschen und einkochen lassen, nach und nach heiße Brühe zugeben, häufig rühren, 20 Minuten köcheln lassen. Gedünstetes Gemüse und Rucola unter den Risotto rühren, Butter, Käse und Rahm unterrühren, mit Salz und Pfeffer abschmecken.

Catalogna zählt zu den typischen italienischen Gemüsen; die Blattzichorie ist ziemlich bitter. Sie erinnert im Aussehen an Löwenzahn und kann durch diesen auch ersetzt werden. Auch die rote Brüsseler Endivie enthält Bitterstoffe. Von den Bitterstoffen profitiert die Leber. Den fertigen Risotto kann man noch mit wenig Rucola bestreuen.

« Reis und Bittergemüse mögen sich. »

Kürbis-Risotto

50 g Butter
1 EL Olivenöl
1 kleine Zwiebel, fein gewürfelt
300 g Risottoreis
1½–2 dl / 150–200 ml Weißwein
ca. 1 l Gemüse- oder Hühnerbrühe
300 g mehliger Kürbis,
z. B. Potimarron
150 g Gorgonzola
Balsamico

geriebener Sbrinz oder Parmesan

1 Kürbis entkernen und schälen, auf der Röstiraffel reiben.

2 Zwiebeln in der Mischung aus Butter und Olivenöl andünsten, Reis zugeben und glasig werden lassen, mit Weißwein ablöschen und einkochen lassen, Kürbis zugeben, heiße Brühe nach und nach zugeben, häufig rühren, 18 bis 20 Minuten köcheln lassen. Den Gorgonzola unterrühren und schmelzen lassen, mit Pfeffer abschmecken, mit Balsamico beträufeln. Käse separat servieren.

Tipp Mit Luganighetta (siehe Seite 145) servieren.

Rustikaler Reis Weißen Reis durch Vollkornreis ersetzen.

Kürbis Das Aroma des Potimarron erinnert an Kastanien. Das mehlige Fruchtfleisch macht den Risotto schön sämig. Ein Muscade de Provence oder ein Butternut gibt dem Risotto einen anderen Geschmack und auch ein anderes Aroma. Man sollte alle drei ausprobieren!

« Risotto und Kürbis:
eine junge kulinarische Kombination. »

Hopfensprossen-
Risotto mit Ziegenfrischkäse

30 g Butter
2 EL Olivenöl
1 kleine Zwiebel oder Schalotte,
fein gewürfelt
300 g Risottoreis
1 dl/100 ml Weißwein
ca. 1,2 l heiße Gemüsebrühe
100 g Ziegenfrischkäse
oder Gorgonzola
150 g Hopfensprossen
frisch gemahlener Pfeffer

frisch geriebener Käse,
nach Belieben

1 Hopfensprossen im Dampf 2 bis 3 Minuten blanchieren.

2 Zwiebeln in der Mischung aus Butter und Olivenöl andünsten, Reis zugeben und glasig werden lassen, mit Weißwein ablöschen und einkochen lassen, heiße Gemüsebrühe nach und nach zugeben, häufig rühren, Reis bei schwacher Hitze 15 bis 20 Minuten köcheln lassen. Der fertige Risotto sollte feucht sein und noch Biss haben. Ziegenfrischkäse unterrühren und schmelzen lassen, Hopfensprossen unterrühren, mit Pfeffer abschmecken.

Käse Ich liebe es, den Risotto mit Ziegenfrischkäse abzurunden. Man kann aber auch den geschmacklich neutralen Mascarpone verwenden.

Wildkräuter Kräuter und Reis sind für mich eine wunderbare Kombination. Es können auch junge Brennnesselblätter, Melde und junger Giersch verwendet werden (10 Minuten mitkochen) oder Leimkrautspitzen (in wenig Wasser oder im Dampf 4 bis 5 Minuten vorkochen, dem fertigen Risotto beigeben). Fein geschnittene Bärlauchblätter erst am Schluss unterrühren, nicht mitkochen, sonst verliert der Bärlauch die schöne grüne Farbe und sein Aroma.

« Hopfensprossen: Im April und Mai findet man sie in der freien Natur. »

Risotto alle vongole

2 EL Olivenöl
1 kleine Zwiebel, fein gewürfelt
2 Knoblauchzehen, fein gewürfelt
wenig Peperoncino / Chilischote
250 g Risottoreis
2 dl / 200 ml Weißwein
*ca. 8 dl / 800 ml Gemüse-
oder Fischbrühe*
500 g Venusmuscheln
*1 Bund Petersilie, Blättchen
abgezupft und gehackt*
Olivenöl

1 Peperoncino entkernen und in Streifchen schneiden.

2 Zwiebeln, Knoblauch und Peperoncini im Olivenöl andünsten, Reis zugeben und glasig werden lassen, mit Weißwein ablöschen und einkochen lassen, heiße Brühe nach und nach zugeben, häufig rühren, Risotto 18 bis 20 Minuten köcheln lassen. Etwa 5 Minuten vor Ende der Garzeit die Muscheln unterrühren. Petersilie unterrühren, mit Olivenöl beträufeln.

Muscheln Vongole (Venusmuscheln) müssen zuerst gründlich gewässert werden, um den Sand auszuwaschen. Vongole mit der Schale zum Risotto geben, weil das schöner aussieht. In Italien wird das auch bei Spaghetti so gemacht. Alternative: Muscheln separat mit dem Knoblauch im Olivenöl andünsten, mit wenig Weißwein ablöschen, dünsten, bis sich die Muscheln öffnen (geschlossene Muscheln wegwerfen), abgießen und Weißweinsud auffangen (für den Risotto verwenden). Muscheln aus der Schale lösen und unter den Risotto mischen.

« Wer Risotto liebt, liebt auch Muscheln. »

Zucchini-Risotto

2 EL Olivenöl
1 kleine Zwiebel, fein gewürfelt
300 g Vollkorn-Risotto oder weißer Risottoreis
1 l Gemüsebrühe
1 großer Zucchino, fein gerieben
100 g Taleggio oder Gorgonzola, gewürfelt
ca. 50 g Bergkäse, fein gerieben, nach Belieben
frisch gemahlener Pfeffer
Olivenöl, zum Beträufeln

1 Zucchino beidseitig kappen, auf dem Gemüsehobel reiben.

2 Zwiebeln im Olivenöl andünsten, Reis mitdünsten und glasig werden lassen, heiße Gemüsebrühe nach und nach zugeben, den Risotto bei schwacher Hitze unter häufigem Rühren sämig kochen, 5 Minuten vor Ende der Garzeit Zucchini unterrühren. Taleggio unterrühren. Nach Belieben geriebenen Käse unterrühren, mit Pfeffer und Olivenöl abschmecken.

Minze Sie macht den sommerlichen Risotto besonders erfrischend (Blättchen in Streifen schneiden).

Abbildung

Spargel-Risotto
mit Spinat und Ziegenfrischkäse

1–2 EL Olivenöl
1 Schalotte oder kleine Zwiebel, fein gewürfelt
320 g Risottoreis
1 dl / 100 ml Weißwein
ca. 1½ l Gemüsebrühe
1 Bund grüner Spargel
4 große Handvoll kleinblättriger Spinat
150 g Frischkäse
wenig abgeriebene Zitronenschale
Meersalz
frisch gemahlener Pfeffer

Mandarinenöl, zum Beträufeln, nach Belieben
geriebener Pecorino, nach Belieben

1 Das untere Drittel des Spargels schälen. Spitzen etwa 3 cm lang abschneiden, Stangen in 15 mm lange Stücke schneiden.

2 Schalotten im Olivenöl andünsten, Reis zugeben, glasig werden lassen, mit Weißwein ablöschen und einkochen lassen, heiße Gemüsebrühe nach und nach zugeben, häufig rühren, nach etwa 10 Minuten Spargeln zugeben, Risotto weitere 8 Minuten köcheln lassen, Spargelspitzen und Spinat unterrühren, 5 Minuten köcheln lassen, Frischkäse unterrühren, mit Zitronenschale, Salz und Pfeffer abschmecken.

Wildspargel Noch delikater wird der Risotto mit Wildspargel. Eine weitere Variante ist Barba di Frate (Mönchsbart).

Steinpilz-Risotto

50 g Butter
1 kleine Zwiebel, fein gewürfelt
320 g Risottoreis
1 dl/100 ml Weißwein,
z. B. Tessiner Merlot
1½ l Gemüsebrühe
50–70 g getrocknete Steinpilze
50 g Butter

100 g Sbrinz, fein gerieben

1 Pilze im Wasser einweichen.

2 Die Zwiebeln in der Butter andünsten, Reis zugeben und glasig werden lassen, mit Weißwein ablöschen und einkochen lassen, heiße Gemüsebrühe nach und nach zugeben, unter häufigem Rühren 10 bis 15 Minuten köcheln lassen, Steinpilze zugeben, weitere 10 Minuten köcheln lassen. Mit der Butter abschmecken. Käse separat servieren.

Abbildung

Artischocken-Risotto
nach Nicola

2–3 EL Olivenöl
2 Knoblauchzehen, grob gewürfelt
300 g Risottoreis
500–600 g kleine junge Artischocken
ca. 1 l heißes Artischockenwasser
(siehe Punkt 1) oder heißes Wasser
Salz
50–100 g Parmesan oder
Pecorino stagionato, fein gerieben,
nach Belieben
2–3 EL Olivenöl oder
Mandarinenöl, zum Beträufeln

1 Die kleinen Artischocken um die Hälfte kürzen, mit dem Messer rundum so viel abschneiden, bis nur noch die feinen zarten Blätter übrig bleiben. Bei ganz kleinen Artischocken muss man das Heu nicht entfernen. Das Vorbereiten von Artischocken muss man einfach einmal üben. Ich esse ab und zu ein Blatt und kann so entscheiden, ob ich noch mehr abschneiden muss oder nicht. Den Abfall kann man mit den Artischocken im Wasser 5 Minuten kochen. Wasser zur Zubereitung des Risotto verwenden oder einfach als Bittertee trinken.

2 Knoblauch und Reis im Olivenöl andünsten, Artischocken unterrühren, nach und nach Artischockenwasser zugeben, Risotto unter häufigem Rühren 20 Minuten sämig köcheln lassen, salzen. Nach Belieben mit Käse und Olivenöl verfeinern.

Lauch-Risotto

mit Wurst und scharfer Schote

2 EL Olivenöl
1 kleine Zwiebel, fein gewürfelt
1 junger Lauch, fein geschnitten
250–300 g Risottoreis
1 dl / 100 ml Weißwein
1 l Hühnerbrühe
2 EL Olivenöl
1 Luganighetta, ca. 250 g (Seite 144)
1 Peperoncino / Chilischote
2–3 EL Mascarpone
50 g Sbrinz, fein gerieben
frisch gemahlener Pfeffer
1 Bund Petersilie, Blättchen
abgezupft und fein gehackt

1 Peperoncino aufschneiden, entkernen, in Streifchen schneiden. Luganighetta aus der Haut drücken, kleine Kugeln formen und in 2 EL Olivenöl anbraten, Peperoncini mitbraten, beiseite stellen.

2 Zwiebeln und Lauch im Olivenöl andünsten, Reis zugeben und glasig werden lassen, mit Weißwein ablöschen und einkochen lassen, Hühnerbrühe nach und nach zugeben, unter häufigem Rühren 20 Minuten köcheln lassen, Luganighetta-Peperoncino-Mix unterrühren (Fett eventuell abgießen). Mascarpone und Sbrinz unterrühren, mit Pfeffer abschmecken, Petersilie unterrühren.

Abbildung

Risotto

mit grünem Spargel

50 g Butter
1 kleine Zwiebel, fein gewürfelt
240 g Risottoreis
1 dl / 100 ml Weißwein
8 dl / 800 ml Gemüsebrühe
1 Bund grüner Spargel
Salz
frisch gemahlener Pfeffer
5 EL geriebener Parmesan
20 g Butter

1 Das untere Drittel des Spargels schälen, Stangen in 2 cm lange Stücke schneiden. Spargel im Dampf knackig garen.

2 Die Hälfte des Spargels mit wenig Wasser pürieren.

3 Zwiebeln in der Butter andünsten, Reis zugeben und glasig werden lassen, mit Weißwein ablöschen und einkochen lassen, Gemüsebrühe nach und nach zugeben, unter häufigem Rühren 15 Minuten köcheln lassen, Spargelpüree und Spargelstücke zugeben, Reis sämig kochen. Mit Salz und Pfeffer abschmecken, mit Parmesan und Butter verfeinern.

Zitronen-Risotto
mit Zitronenverveine

4 EL Olivenöl
2 Schalotten, fein gewürfelt
320–360 g Risottoreis
2 dl / 200 ml Weißwein,
z. B. weißer Merlot
1 l heiße Gemüsebrühe
50 g Butter
80 g Parmesan, fein gerieben, oder
Ziegenfrischkäse oder Mascarpone
Salz
frisch gemahlener Pfeffer
1 Bio-Zitrone
1 Bund Zitronenverveine, in Streifchen

1 Schalotten im Olivenöl andünsten, Reis zugeben und glasig werden lassen, mit Weißwein ablöschen und einkochen lassen, Gemüsebrühe nach und nach zugeben, unter Rühren 20 Minuten köcheln lassen.

2 Zitronenschale fein abreiben. Zitrone schälen, Fruchtfleisch aus den Trennhäutchen schneiden, Kerne entfernen, Fruchtfleisch würfeln.

3 Butter und Käse unter den Risotto rühren, mit Salz und Pfeffer abschmecken. Zitronenschale und Zitronenwürfelchen sowie Zitronenverveine unter den Risotto rühren.

« Für viel Zitronenaroma:
Zitrone und Zitronenverveine. »

Milchreis
mit Waldbeeren

250 g Milchreis
8 dl / 800 ml Milch
½ l Wasser
1 Vanilleschote
oder ½ TL Vanillepulver
Ahornsirup
4 Handvoll Waldbeeren

1 Wasser, Milch und aufgeschnittene Vanilleschote oder Vanillepulver aufkochen, Reis zugeben, unter Rühren 25 bis 30 Minuten köcheln lassen. Mit Ahornsirup abschmecken.

2 Waldbeeren vor dem Servieren untermischen.

Varianten Im Winter Beeren durch Äpfel ersetzen. Dazu 2 Äpfel ungeschält vierteln und entkernen, Apfelviertel in feine Scheiben schneiden, in einem Topf in wenig Ahornsirup karamell sieren. Mit Zimtpulver bestreuen. Der Risotto schmeckt auch wunderbar mit frischen Aprikosen: Früchte halbieren, entsteinen und n Schnitze schneiden, in wenig Apfelsaft mit einer Prise Zimt einige Minuten garen und am Schluss zum Risotto geben.

Abbildung

Risotto-Grundrezept

2 EL Olivenöl
1 EL Butter
1 kleine Zwiebel, fein gewürfelt
1 Knoblauchzehe, fein gewürfelt
300 g Risottoreis
1½ dl / 150 ml Weißwein
ca. 1 l heiße Brühe, wahlweise
Hühner-, Rinds- oder Gemüsebrühe
50 g Butter zum Verfeinern
100 g Parmesan, fein gerieben
frisch gemahlener Pfeffer

Zwiebeln und Knoblauch in der Mischung aus Olivenöl und Butter andünsten, Reis zugeben und glasig dünsten, ablöschen mit Weißwein, einkochen lassen, nach und nach die heiße Brühe zugeben, häufig rühren, 20 Minuten köcheln lassen. Butter und Parmesan unterrühren, mit Pfeffer abschmecken.

Heidelbeer-Risotto

2 EL Olivenöl
1 EL Butter
1 kleine Zwiebel, klein gewürfelt
320 g Risottoreis
1 Glas (½ dl / 50 ml) Cognac
oder Weißwein
1 l heiße Fleisch- oder Gemüsebrühe
200 g frische Heidelbeeren
Salz
frisch gemahlener Pfeffer

Zwiebeln in der Mischung aus Olivenöl und Butter andünsten, Reis zugeben und glasig werden lassen, mit Cognac ablöschen und einkochen lassen, heiße Brühe nach und nach zugeben, unter häufigem Rühren etwa 20 Minuten köcheln lassen. Heidelbeeren etwa 5 Minuten vor Ende der Garzeit unterrühren, mit Salz und Pfeffer abschmecken.

Serviervorschlag Heidelbeer-Risotto vor dem Servieren mit frischer, zerlassener Butter oder einigen Tropfen bestem Olivenöl beträufeln. Man kann auch wenig flüssigen Rahm/Sahne dazugeben.

Abbildung

Rucola-Risotto
mit Limettenstreifchen

2 EL Olivenöl
1 kleine Zwiebel, fein gewürfelt
300 g Risottoreis
1 dl / 100 ml Weißwein
ca. 1 l heiße Gemüsebrühe
1 Bund Rucola
oder 1 Bund glattblättrige Petersilie,
Blättchen abgezupft und fein gehackt
2 EL Olivenöl
1 Bio-Limette
Salz
frisch gemahlener Pfeffer
wenig Butter und Rahm
oder 2 EL Mascarpone, nach Belieben

1 Rucola mit Olivenöl fein mixen. Von der Limette Zesten abziehen und diese in Streifchen schneiden.

2 Zwiebeln im Olivenöl andünsten, Reis zugeben und glasig werden lassen, mit Weißwein ablöschen und einkochen lassen, heiße Brühe nach und nach zugeben, häufig rühren, Risotto etwa 20 Minuten köcheln lassen, Rucola unterrühren, mit Salz, Pfeffer und Limettenschale abschmecken. Nach Belieben mit Butter, Rahm oder Mascarpone verfeinern.

Sommer-Risotto Das Tüpfelchen auf dem i: ein Blatt einer Zitrone oder einer Kafirlimette mitkochen.

Register

A
Acquerello 43
Apfel 140
Arborio 43
Artischocke 158
Aubergine 127

B
Baldo 43
Balsmico 150
Bärlauch 138
Basilikum 119
Baumnuss 140
Beeren 14
Bier 144
Bohnen, Borlotti- 81
Brühe, Geflügel-, Rezept 115
Brühe, Gemüse-, Rezept 107
Brüsseler Endivie 148

C
Canale Cavour 17
Carnaroli 44
Catalogna 148
Chilischote 127, 136, 142, 154
China 10
Cognac 166

E
Erbse 127, 134, 144
Ernte 32

F
Fenchel 142
Fett, Gänse- 63
Fisch, Hering 77
Fisch, Stock- 77
Fleisch, Gänse- 63
Fleisch, Kalb- 123
Fleisch, Schweine- 123
Fluten 27
Frosch 31, 32, 35
Fruchtfolge 25
Frühling 27, 29

G
Garnele 127
Grapefruit 146

H
Heidelbeere 166
Herbst 32, 37
Hochblüte 17
Hopfensprossen 152

I
Indica 13

J
Japonica 13

K
Karotte 63, 127
Karpfen 31, 32
Käse, Frisch- 156
Käse, Gorgonzola 140, 150, 152, 156
Käse, Taleggio 134, 136, 138, 156
Käse, Sbrinz 138, 146, 158, 160
Käse, Ziegenfrisch- 134, 136, 152, 162
Kefe 134
Kerbel 146
Kloster 15
Krevette 127
Kürbis 107, 150

L
Lauch 97, 127, 160
Limette 166

M
Mascarpone 138, 160, 162, 166
Mozzarella, Büffel- 132
Muscheln 154

O
Originario 43

P
Parmesan 71
Peperoncino 127, 136, 142, 154
Petersilie 142, 160, 166
Piemont 45
Pilze 89, 158
Po 15, 17, 26
Portwein 107

R
Rande 67, 136
Reis, Milch- 164
Reis, Stärkegehalt 35
Reispflanze 12
Reiswiege 10
Rhabarber 93
Ricotta 142
Risotto, Grundrezept 164
Rosmarin 123
Rote Bete 67, 136
Rucola 138, 148, 166

S
Safran 138
Salami 81
Scampi 67, 146
Sellerie, Stangen- 63
Sepia 136
Shiva 10
Sommer 31
Sorte, Reis- 43
Spargel 156, 160
Speck 81, 97, 144
Spinat 156

T
Tintenfisch 136
Tomate 119, 127, 132
Trüffel 103

V
Veredelung 40
Vialone 43

W
Walnuss 140
Wirsing 63
Wirz 63
Wurst 107, 144, 150, 160

Z
Zimt 123
Zitrone 162
Zucchino 127, 156
Zuckerschote 134

Reis-«Stationen»

Seite 06	Frisch geernteter Reis
Seite 08	Blühende Reispflanzen im Morgentau bei Livorno Ferraris
Seite 10	Blick von den Hügeln des Monferrato bei Gabiano auf die Po-Schleifen bei Cresentino
Seite 12	Blühende Carnaroli-Reispflanzen auf dem Gut «La Colombara»
Seite 14	«Torre Scaligera» am Ortseingang von Isola della Scala
Seite 16	Geflutete Reisfelder Anfang April. Bewässerungskanal und Felder bei Pertengo
Seite 18	Blick über die «Terre d'Acqua» um Fontanetto. Po von den Hügeln des Monferrato bei Cantavenna. Im Hintergrund die Alpen des Aostatals und der Mont Blanc
Seite 20	Schlafsaal der «Mondine» im Museum auf dem Gut «La Colombara»
Seite 22	Werkzeug, alte Zeitschriften und Fotos im Museum auf dem Gut «La Colombara»
Seite 24	Reisaussaat bei Casalvolone mit Spezialtraktor. Im Hintergrund Monte-Rosa-Massiv
Seite 26	Blick von den Hügeln des Monferrato bei Cantavenna: reife Reisfelder im Morgennebel (Palazzolo Vercellese)
Seite 28	Junge Reispflanzen in den Feldern der «Terre d'Acqua» um Fontanetto Po
Seite 30	Blühende Reispflanzen auf dem Gut «La Colombara»
Seite 32	Reife Reisähren bei Due Sture
Seite 34	Mähdrescher in Aktion in den Feldern bei Lignana
Seite 36	Abbrennen der Strohstoppeln auf den abgeernteten Reisfeldern (Spätsommer)
Seite 38	Piero und Maria Nava Rondolino, «La Colombara»
Seite 40	Alte Verarbeitungsmaschinen der «L'Antico Mulino – Riseria S. Giovanni» in Fontanetto Po
Seite 42	Schaufenster eines Lebensmittelgeschäftes in der Reis-Hauptstadt Vercelli
Seite 44	Verschiedene Reissorten
Seite 46	«Acquerello»-Reis
Seite 48	Reissäckchen «Ferron»
Seite 50	Schattige Allee, Hauptstraße in Fontanetto Po
Seite 52	Bei der sommerlichen Mittagshitze sind die Orte in der Po-Ebene (Straße in Fontanetto Po) wie ausgestorben.
Seite 54	Camillo Benso di Cavour, Piazza Cavour, Vercelli
Seite 56	Spätsommerlicher Morgennebel zur Erntezeit bei Palazzolo Vercellese
Seite 58	Ristorante Da Balin, Angelo Silvestro, Frazione Castell'Apertole 6, Livorno Ferraris
Seite 72	Ristorante Tre Merli, Massimo Bobba, Frazione Due Sture, Via Dante Alighieri 18, Murano sul Po
Seite 84	Ristorante Il Giardinetto, Daniele Siviero, Via Luigi Sereno 3, Vercelli
Seite 98	Ristorante Massimo, Davide Bonato, Via Giolito Ferrari 7, Trino. Arbeitet heute im «Gioia», San Bartolomé, 23 Chuena, 28004 Madrid
Seite 110	Ristorante Alla Torre, Via Torre Scaligera 9, und Ristorante Pila Vecia, Via Saccovener 9, Gabriele Ferron, Isola della Scala

Reismuseum, «La Colombara», Strada Comunale, Colombara Castel Merlino, Livorno Ferraris